甲子園夢プロジェクトの原点

久保田浩司 著

大学教育出版

プロローグ

二〇二〇（令和二）年一月、私は前著『あの時の野球とあの子たち』（大学教育出版刊）のあとがきにこう綴った。

最後まで諦めるわけにはいかないのが、知的障がいのある生徒たちの硬式野球部の設立だ。甲子園大会の予選に参加してみたい。

（中略）

あとは現実にトライすることができるのか、または架空の話としていつか書くことになるのかである。若い頃はがむしゃらに自分の夢を追い求めていたが、今は次に何が起こるのか、少し楽しみながら待てるようになってきた。

さて、どうなることやら…。

うーん。

今の学校（二〇二〇年）で硬式野球部を設立できるか？

あと少しで異動だしな…。

でも、楽しみながら待っていても、何も変わらないよなあ・・・。

時は流れ、その年の秋。
ん？
そうだ！
急に野球の神様が降臨したような、閃きだった。
どうせやるなら、全国展開のプロジェクト立ち上げ！
ネーミングは？
やっぱり、甲子園を入れないと。
目指せ？　甲子園
行くぞ？　甲子園
うーん…、ありきたりだな。
私の、知的障がいのある生徒たちの、保護者の、甲子園って、何だろう？
夢？
そうだ！　夢！
甲子園夢プロジェクト！
これだ！

全国の知的障がいのある生徒たちに呼びかけよう。

硬式野球やろうぜ！

甲子園大会の予選に出場しようぜ！

二〇二一年三月六日　甲子園夢プロジェクト発足記者発表会の会見席中央に私、私の右隣には荻野忠寛さん、左隣には小笠原大騎さん。荻野さんは二〇〇七年〜二〇一四年までプロ野球千葉ロッテマリーンズの投手として大活躍した。引退後には私の社会人野球監督時代にチームの臨時コーチを務めてくれた。小笠原さんは、同じく私の社会人野球監督時代に捕手としてチームを支えてくれ、二〇二〇年には社会人野球の最高峰である都市対抗野球大会に補強選手として出場した。二人とも今回のプロジェクトへの協力依頼に二つ返事で快諾してもらえたのだ。

報道関係出席　十三社（事前取材含む）

おお、すごい！

「えー、只今から甲子園夢プロジェクト発足記者発表会をはじめさせていただきます」と私。

立ち上がり、一礼する。

カシャ！　カシャ！　カシャ！

一斉に鳴るカメラのシャッター音とフラッシュ
（緊張…）

原稿を手元に置き、約一時間半気持ちを込めて、話し続けた。

（ちょっと、長すぎたかな）

最後に連絡先として私の携帯番号を掲載してもらうように伝えた。

すると、記者の方が手を挙げる。

「久保田先生、携帯番号を載せると、いたずら電話が掛かってくるかもしれませんが、大丈夫ですか」

「はい。大丈夫です。メールとかよりも、直接電話で話した方がお互いの気持ちが伝わるのです。私は学校で保護者に連絡するときも対面または電話をするようにしています」

びしっと返答する。

（そう言われてしまうと、いたずら電話大丈夫なのか…。それよりも、こんなに大々的に記者発表会までして、一人も連絡が来なかったら、どうしようか。ちょっと、格好悪いよな）

その日の夜。私の携帯が鳴る。見ると見知らぬ番号が表示されていた。

「はい。久保田ですが」

「あのー、はじめまして。私、愛知県の林と申します」

「はい」

「先程、主人から連絡がありまして、主人がネットニュースで甲子園夢プロジェクトの記事を見つけて、そこに連絡先で久保田先生の携帯番号が書かれていたので、お電話しました」

（おっ、これは！）

「はい。お電話ありがとうございます。お子さんの件でしょうか」

「はい。息子の龍之介ですが、野球が大好きなんです。大の中日ドラゴンズファンで、ファンクラブにも入っています。龍之介は今、愛知県立の特別支援学校に通っているのですが、残念ながら野球部がなく、陸上部に所属しています。いつも本人は野球がやりたいと言っておりまして。先程、甲子園夢プロジェクトのことを知り、龍之介もぜひ参加したいと、とても嬉しそうに言ってきたので、お電話しました」

「はい！　そうなんですね。ありがとうございます！　実は、林さんが参加希望者の一番目なんですよ。私も嬉しいです！」

「そうなんですね。それで、三月二十七日の最初の練習会に参加したいのですが、どこでやる予定ですか」

「はい。今のところ都内の高校のグラウンドを借りる予定です。愛知からですと遠いですよね。すみません」

「いえ、大丈夫です。ぜひ参加させてください！」

「ありがとうございます！　詳細はまた改めてご連絡させていただきます」

（やったー！）

それから「私は高校時代甲子園を目指して野球をやっていました。息子には知的障がいがあり、特別支援学校に通っていますが、野球部がありません。硬式野球は危険が伴うから部活動としてやらないというのが学校の見解です。息子は野球が大好きなので、やらせてあげる環境がないことにもどかしさがずっとありました」等の電話が連日私の携帯に入った。

参加生徒は十一名になった。

三月二十七日、東京都内の室内練習場で甲子園夢プロジェクト第一回練習会を迎えた。愛知県から参加の林龍之介君も元気な顔を見せている。

荻野さんが「今日は楽しんで。やりたいことをやろう」と声をかけ、練習開始。

カーン。

室内練習場に硬球の打球音が響く。

「久保田先生、何か感慨深そうですが」

知り合いの記者が声をかけてきた。

「はい。やっと、特別支援学校の生徒たちが硬球を打つ音を聞くことができました。ここまで長かったので、思わず涙が出そうになってしまいました」

「そうなんですね。先生、知的障がいのある生徒指導一筋、三十四年ですよね。ついに念願が叶いましたね」

「はい。でもここはまだ出発点なんです。いずれは都道府県の特別支援学校に硬式野球部を作り、それぞれの高等学校野球連盟に加盟して、大会参加しないといけないので、これからですね」

「久保田先生から一度お話を伺いましたが、先生が本気で生徒たちと甲子園大会の予選を目指そうとしたときがあったのですよね」

「はい。そのときが今日の甲子園夢プロジェクトの原点だったと思います」


私は打撃練習に励む生徒たちを見ながら、往時に思いを馳せた。

甲子園夢プロジェクトの原点

目次

第一章　屈辱

野球歴

二〇〇五（平成十七）年十二月二十五日午前九時半、私は東京郊外の駅で降り、とある大学の野球場を目指し、歩いていた。十二月下旬とは思えないような暖かい日で、私はこれから始まることへの期待感で、わくわくする気持ちを隠せなかった。

この年の九月に行われた東京都養護学校ソフトボール大会で、私が監督をしている都立西部養護学校は大会新記録となる六連覇を達成した。私がソフトボールを指導している生徒たちは、知的に障がいがあった。障がいがあっても、生徒たちは毎日普通高校の野球部と同じような厳しい練習を課せられて、日が暮れるまでソフトボールを追いかけていた。
私はここまで十六年に渡り、三校の養護学校でソフトボール部監督として、生徒指導に情熱を燃やし続けてきた。前述した都養護学校ソフトボール大会では、五連覇と六連覇を含む十三回の優勝経験があった。その実績にＮＨＫをはじめとするテレビ局や新聞・雑誌の取材を多く受けるなど、知的障がい教育のソフトボール界ではそれなりの評価があり、自分も大きなプライドをもっていた。

次の目標はソフトボールの健常者チームからの勝利。
知的に障がいがあっても絶対に諦めない。
やれば必ずできる。
私のこの強い思いを何とか達成したかった。

一方、ずっと心の奥底に抱えていた硬式野球への憧れ。
高校野球指導者の夢を打ち砕かれた、十八年前の養護学校への教員採用。
今、その夢が実現できるかもしれない。
高校野球ではないが、社会人野球で…。

野球場へ向かう緩やかな下り坂、私の歩は、はやる気持ちに合わせるように自然と速くなっていた。

野球場の入口に着くと、三人の上下ジャージ姿の若者がプカプカとタバコを吸っているのが目に入った。私はその若者たちの前を通りながら「おはようございます」と声をかけた。

「ちわっす」

三人のうち一人が小声で挨拶を返した。他の二人は頭も下げずに片方の手を上着のポケットに突っ込みながら、背を丸めてタバコを吸っていた。

「おい、そろそろ時間じゃねーか、行こうぜ」

三人は自分の足元にタバコを捨て、足で踏みつぶし、歩き出した。私が振り返ると同じ方向に歩いて来る。

社会人野球チーム「ＳＢＣ（サワムラ・ベースボール・クラブ）フェニックス」の選手のようだ。

えっ、社会人野球って、こんな学生みたいなのがやるのか…。

私が野球場にある一番大きな部屋の後方から入ると、約三十人の選手たちがそれぞれ思い思いの場所に座っているのが目に入った。腹が減っているのか、菓子パンをムシャムシャと食べている選手もいた。

私は誰も座っていない後ろから三列目に座った。選手たちは誰も私のことに気づいていない。

「おい、なんだよ、このコーチ」

私の目の前に座っていた二十歳前後に見える茶髪の選手が、隣にいる同年代の顎に髭をはやした選手に話しかけた。二人とも紺色の野球用グラウンドコートを着て、ねずみ色のスエットパンツをはいている。同じチームにいたのだろう。

「どうした?」

髭面が聞き返す。

「ここ見ろよ」

「都立調布南から日本体育大学か、調布南って、おまえ知ってるか?」

「知らねーよ、そんな高校。だって都立って、野球弱いだろ」

茶髪が馬鹿にしたように言った。

「そんなんじゃ、日体大でも試合出てねーだろ」

髭面がさらに馬鹿にしたように言う。

私は茶髪と髭面の話し方が、いつも学校で指導しているやんちゃな飯岡に似ていたので少し笑ってしまった。

だが、笑っている場合ではない。私はそんな二十歳そこそこの選手に、いきなり馬鹿にされたのだ。

彼らが見ていた資料は、前方の入口から入ると、すぐ目の前の机上に置いてあった。私は素知らぬ顔で立ち上がり、その資料を取るために歩き出した。すると好き勝手に座り雑談していた選手たちが急に静かになったように感じた。

みんなが私のことを見ている？

あいつが弱小都立高校出て、日体大でも全く試合に出てないのに、コーチになったやつか…。

私は一人、出口の見えない真っ暗な洞窟の中に入り込んでしまったような、すごく嫌な気持ちになった。

私は資料を手にすると、選手たちの視線を避けるために一度廊下に出て、再び後方の入口から入り、自分の席に座った。

そして、すぐ資料に目を通す。

「SBCフェニックス　スタッフ・選手一覧表」
監督　沢村健夫　習岡高校野球部―早見大学野球部―プロ野球・中京ドルフィンズ―プロ野球・西勇ライナーズコーチ―野球評論家

ヘッドコーチ　徳山勝太　箕田高校野球部―明優大学野球部―プロ野球・南鉄ファイターズ
コーチ　島田次郎　静盛高校野球部―早見大学野球部―社会人野球・日本ＢＭＧ監督
コーチ　久保田浩司　都立調布南高校野球部―日本体育大学野球部―西部養護学校ソフトボール部監督

私以外のスタッフは、監督の沢村健夫はもちろんのこと、コーチ陣もプロ野球経験者や、野球名門大学出身、社会人野球監督の経歴があった。その中で私の野球歴のつたなさは一目瞭然だった。私が暗澹（あんたん）たる気持ちで資料を見ていると、突然背後から声がした。

「久保田君、今日はご苦労さま」

振り返ると、監督の沢村が立っていた。

監督は五十代半ばの年齢であったが、黒髪が豊かな上、肌の色艶もよく、実年齢よりもだいぶ若く見えた。

私はすぐに立ち上がり「おはようございます。今日からよろしくお願いします」と大きな声で挨拶をした。

「そんな後ろに座ってないで、前においでよ」

監督が気を遣ってくれた。

「はい！」

私は少し嬉しくなって、すぐに自分のバッグを持って、監督の後ろについて歩き出した。すると、前に座っていた茶髪と髭面が慌てて立ち上がり、監督に大きな声で挨拶をした。その後に監督についていた私にも視線を向けてきた。二人は私と目が合うとばつの悪そうな表情をして、すぐに視線をそらしてしまった。

そのまま監督の後ろで教室の中央を歩くと、監督を見つけた選手たちが順次立ち上がり、それぞれが大きな声を出して挨拶した。選手たちは、私にも挨拶をしてくれた。私はなぜか、少し誇らしげな気分になり、自然と胸を張ってしまう。さっきの嫌な気持ちはどこかに吹き飛んでいた。

やはり、野球歴のある元プロ野球の大スターは違うな。

だが、そんな私の気持ちの高揚もつかの間だった。

十時からチームのミーティングが始まった。最初はスタッフの自己紹介だった。

沢村監督、徳山ヘッドコーチ、島田コーチ、それぞれが自分の野球歴を中心に話をした。

私の番になった。

「久保田です。コーチを務めさせてもらいます。日体大の出身です。よろしくお願いします」

高校名と西部養護学校ソフトボール部監督は言わなかった。いや言えなかった。

すぐにまた監督が気を遣ってくれた。

「久保田君、いや久保田コーチは養護学校でソフトボール部の監督をしています。チームはすごく強くて、連覇してるんだよな。久保田コーチ、何連覇だったかな？」

「六連覇です」

「そうだった。久保田コーチは生徒さんに教えるのが好きで、指導力のある人です。私からもよろしくお願いします」

監督の気遣いはとても嬉しかったが、私を見る選手たちの目は冷ややかだった。

「ソフトボールって、女がやるんじゃねーのか」

部屋の中央付近から、ささやき声が聞こえた。


馬鹿にするな。今度は少しいらついた。


しばらくして、監督のスピーチが始まった。

「みなさんご苦労さま。改めましてＳＢＣフェニックス監督の沢村です。よろしくお願いします。ＳＢＣフェニックスは今日から新チームとしてスタートします。私の気持ちも選手のみんなと同じように、非常に高ぶっています。私は千葉県で生まれ、習岡高校、早見大学に進み、勉学とともに野球に情熱をかけてきました。大学卒業後、縁あってプロ野球中京ドルフィンズに入ることができ、仕事として野球に関わることができました。現役時代はアキレス腱の故障に悩まされましたが、野球が大好きで、一心不乱にバットを振り続けてきました。私は学生時代、そしてプロ野球と、かけがえのない経験をしてきました。今、このSBCフェニックスを立ち上げ、私の経験してきたものを、選手のみなさんに全身全霊をささげて伝えていきたいと思います。チームは日本野球連盟に所属して、私の生まれた千葉県に本部を置きます。チームの目標は社会人野球の最高峰である都市対抗野球と日本選手権への出場、さらにクラブチームの頂点である全日本クラブ選手権の優勝を目指します。また、志の高い選手はぜひプロ野球選手を目指してほしい。私もできる範囲で力を貸していきます。選手のみなさん常に目標を高くもって、頑張っていきましょう」

選手の目が輝いた。

すると突然、一人の選手が手をあげた。

「監督、質問があります」

「何だ、田岡」

「はい、このチームのキャプテンは誰になりますか？」

「何だ、田岡、おまえがやりたいのか」

監督は少し笑みを交えながら言う。

田岡敬次は千葉県の野球名門高校を出て、関東の社会人企業チームでプレイした経験がある。SBCフェニックス新メンバーの中では一番の実力者だった。田岡自身もプライドがかなり高そうで、キャプテンは俺だろと言わんばかりだ。

「いえ、単にキャプテンは誰なのかなと思いまして」

「田岡な、このチームはしばらくキャプテンを置かないつもりだ。選手一人ひとりがキャプテンになったつもりで、チームのことを考えて、チームを引っ張ってほしい。要はみんなの力でチーム力を高めてもらいたいということだ」

「いいか、田岡」

「…はい」

田岡は下を向き、聞こえないように、舌打ちしていた。

新チーム初日のミーティングは約一時間半で終了した。

(疲れたなあ)

帰りの駅までの緩やかな上り坂が、やけに長く感じた。

パニック障がい

翌日からソフトボール部の冬休み練習が始まった。

練習は午後四時頃に終了して、私は二階の職員室で少しくつろいでいた。昨日の疲れもあったので、今日は早く帰ろうと考えていた矢先、主将が職員室に駆け込んできた。

「く、く、久保田先生」

「どうした、そんなに慌てて」

「また、宅間が倒れました」

「えっ、またか。今度は誰がやった」

「また、飯岡です」

「また、あいつか。しょうがねーなあ」

(あー、これで今日はあと二、三時間帰れない…)

私は主将と一緒に一階下駄箱前のホールに向かった。ソフトボール部の練習が終わると、生徒たちは各自で制服に着替えて、下駄箱前のホールに集合する。そこで最終人員確認をしてから、帰宅することになっていた。

私がホールに着くと、宅間が硬直したまま倒れているのが目に入った。

「誰がやった」

私は大声で叫んだ。

「飯岡です」
三、四人の生徒が飯岡を見ながら声を合わせて言った。
飯岡竜也は高等部一年生で、身長は百七十五㎝、少しぽっちゃりした体型だ。頭は角刈りにそり込みを入れ、眉毛も手を入れて細くしている。目が真ん丸なので、そり込みと細い眉毛とはバランスが悪かった。制服のズボンも校則で決まっている紺色ではなく、黒に近い濃紺のかなり太いタイプをはいていた。夏はいつも開襟のワイシャツ。そのいでたちは一昔前の不良生徒そのものだった。

「また、おまえか」

私は飯岡をにらんだ。

「お、お、俺じゃねーよ」

飯岡が瞬きを繰り返す。

「先生、嘘です。飯岡が携帯で宅間を撮りました。みんな見てました」と主将。

「分かった。飯岡は残って、後は解散。明日も九時から練習な」

「はい!」

生徒は三々五々帰宅した。

飯岡はその場でおどおどしながら立っている。

「何でやった」

「だってよう」

「だってよう、じゃない」

「だってさ」

「だってさ、じゃない」

「だって…、何て言うんだ」

養護学校高等部の生徒は、卒業すると社会に出て働くことになる。生徒が社会に出て困らないように、言葉遣いは普段から繰り返し指導していた。

「何でもいいから、早く言え」

「俺、昨日ね、新しい携帯買ったんだよ。ドモコのやつ」

「ドコモだ」

「あー、それ、それ。そんでね、これ写真撮れるんだよ」

「だからどうした」

「どうしたって…」

「それでまた宅間のこと撮ったのか」

「だってよう、宅間先輩、写真撮るとすぐ倒れちゃうんだよ。ブフフ」

「馬鹿か！　おまえは！」

「げっ、先生、怒んなよ」

「飯岡、おまえ、この前もやったよな。先生にしこたま怒られただろ！」

「…」

「それなのにまたやったのか！」

「…」

「その携帯、新しいのか」

「そう、そう、ドモコのやつだよ。ほら」

「ドコモ。それどうした」

「だから、買った」

「誰が」

「そりゃ俺でしょう」

「どうやって買った」

「どうやって、て、お金出して買ったんだよ。あたりまえじゃん」

また飯岡は瞬きを繰り返す。

「いくらした」

「いくら？」

「携帯のお金」

「うんーと、うんーと」

「早く言え」

「三千万円ぐらいかな」

「馬鹿か、おまえは。三千万円なら家が買えるぞ。飯岡、その携帯のこと担任の先生にも言っておくからな」

「げっ、やめてくれよ、先生。本当に買ったんだよ」

「怪しいんだよ、おまえは。それより、飯岡は宅間が起きるまで帰れないからな」

「げっ、なんでだよ。俺、今日ダチと会う約束してんだよ」

「馬鹿か！　おまえは！」

「げっ、先生、怒んなよ」

「宅間が起きてから、おまえは宅間に謝らないと帰れない。あたりまえだろ！」

「でも、ダチが…」


宅間雄作は高等部の二年生。とにかく身体の線が細い。身長は百六十五㎝だった。顔も色白でいつも元気がなく、ソフトボール部に入りたいと言ってきたときは、厳しい練習に耐えられるかとても心配だった。

宅間の障がいはパニック障がい。宅間が入学した頃はまだパニック障がいのことは広く知られておらず、教師間でも今一つその障がい特性をつかめないでいた。宅間が卒業した中学校からの申し送りでは、本人が写真を撮られるとすぐに倒れて硬直し、二時間ぐらい経たないと起きてこないとあった。なんだそれはと、半信半疑だったが、入学して約一ヶ月後の校外学習で悲劇が起こった。

行先は高尾山。クラスメートと楽しく登山をしている最中、担任が何気なくスナップ写真を撮ろうと「宅間君、こっち見て、ハーイ、チーズ」カシャ、とやったとたんに倒れた。

登山の途中で倒れた宅間は、それから約二時間復活しなかった。本人は倒れているときも意識はしっかりしており、周囲の話し声もよく聞こえているらしい。だが、倒れている自分が注目されているとまったく起き上がれないので、倒れてしまったら宅間を一人にしておくのが一番のようだった。高尾山で倒れたときは、他の登山客も心配してくれて、みんなが宅間を取り囲んでしまったので、復活するまでそれは大変だったそうだ。

私は一階ホールで倒れた宅間を一人にして、飯岡を連れて二階の職員室に上がった。

「飯岡はここに座ってろ」

私は隣の席を手で示す。

「先生、俺、ダチと約束があるんだよ」

「今日は残念だけど我慢しないとな。その新しい携帯でダチに電話しとけよ」

「えーでも、俺、ダチの番号知らねーし」

「何でダチの番号知らないんだ」

「携帯新しいから番号分かんねーよ」

「前の携帯はどうした」

「うんこしてたら、トイレに落とした」

「相変わらずおまえは馬鹿だな」

「先生、俺のこと、馬鹿って言うなよ」

飯岡がうつむいた。

「そうか、悪かったな。でも先生の口癖でな。で、その携帯どうした」

「だ、だ、だから買ったんだって」

また瞬きが激しくなった。

「そうか、どこで買った」

「えーと、えーと、駅前あたりかな…」

また瞬きをする。

「おい、駅前はドコモねーぞ」

「えーと、えーと…」

「まあ、いいか。それよりおまえ、腹減ってねーか。先生ポテチ食べたいんだけど」

「おー、先生、いいね、いいね。俺、すげー腹減ってたんだ」

私は机の引き出しを開けて、ポテトチップスを出し、袋ごと飯岡に渡した。

「あー、先生、机の中にポテチ入れてんじゃん。いけねーじゃん」

「うるせーな、大人はいいんだよ。じゃあ、おまえには、もうあげないからな」

「げっ、うそ、うそ、先生、大人はいいんだよね。そう、そう、だから早く、くれよ」

飯岡は渡された袋を勢いよく開けて、すぐに食べはじめる。

「おまえ、食い方汚ねーな。そこ、こぼすなよ。彩香先生の机だぞ」

「ここ彩香先生か。ブフフ、俺けっこうタイプなんだよ、あの先生。かわいいよなあ」

彩香先生は大学を出て、三年目の教師だ。ショートカットがよく似合う、可愛らしいタイプで、飯岡のみならず、男子生徒の憧れの的だった。

「じゃあ、いつも、久保田先生は彩香先生の隣にいるのか」

「俺が彩香先生の隣で、悪いか」

「それ、汚くねーか」

「うるせーな。汚ねーのは、おまえのポテチの食い方だ。またこぼしたぞ」

「先生、後で拾っておいてくれよ」

飯岡は、にやつきながら言った。

げんこつ！

「いてー、分かったよ。それより、ジュースないのか」

「しょうがねーな。そこにある冷蔵庫にコーラが入ってるから持ってこい」

「よっしゃー、ラッキー」

飯岡は走って冷蔵庫に行き、一・五ℓのコーラを持ってきた。するとすぐに私から渡された紙コップに入れて、ぐびぐびと飲む。

「ぷはあー、うめー」

飯岡は満面の笑顔だ。

「それで、おまえ、その携帯さ」

「あー、これね、家で父ちゃんの持ってきたんだ。俺の、ぶっ壊れちゃったから」

「ちょっと見せてみろ」

私は携帯のデーターを見て、父の物だと確認した。

（よかった…。他人の物を盗ってなくて…）

「じゃあ、父ちゃん困ってんだろ」

「父ちゃん携帯二台持ってるから大丈夫。それにここんところ、帰ってこねーから、少し借りても分かんねーし」

「そうか、父ちゃんどこ行っちゃったんだ」

「分かんねーよ」

「そうか、母ちゃんは」

「母ちゃんも帰りおせーから、朝も寝てるし」

「そうか、じゃあ、まだあまり変わらねーな、おまえの家。まだ、朝、机の上に千円置いてあって、それで晩飯を食べているのか」

「そう。でも五百円のときもあってよ、ひでーよ母ちゃん」

飯岡はこの年の四月に入学してきた。中学では障がい児学級ではなく普通学級に在籍しており、そこで素行の悪い生徒たちと一緒に行動していた。ほとんど使い走りのようだったが、本人はダチと一緒に格好つけるのが楽しくて仕方なかった。その中学時代には喫煙や深夜徘徊などで何度か補導されていた。西部養護学校に入学が決まると、ついにこの学校にも札つきの悪が入ってくると、教師間でかなり話題になった。

飯岡が入学すると、すぐに担任が私のところに来た。飯岡は授業が終わってから何もすることがないと、中学時代の仲間とつるんで悪いことばかりするかもしれないので、ソフトボール部で鍛えてほしいと頼んできた。飯岡との出会いはそんな経緯があった。

飯岡と一時間ぐらい話していると急に「あっ、宅間先輩」飯岡の声と視線を見て、その方向に振り返ると、宅間が職員室入口に立っていた。

「おう、宅間復活したか。今日はいつもより早かったな」

「あー、宅間先輩、おはようございます！」

げんこつ！

「いてー」

「おまえ、ふざけたこと言ってないで、早く謝れ」

「分かったよ。宅間先輩、もうやりません。ごめんなさい」

飯岡はしっかりと頭を下げた。

「宅間、悪かったな。飯岡を許してやってくれるか」

「はい」

宅間は小声で返事をした。

「また明日から仲よくやるんだぞ。今日はもう遅いから帰ろう」

「じゃあ、先生さいならー。ポテチとコーラありがとねー」

「飯岡！　おまえ、本当に反省してんのか！」

「おー、怖えー、怖えー、宅間先輩早く帰ろうぜー」

飯岡は宅間を連れて走って職員室を出ると、一気に階段を下りて行った。

私が職員室の窓から下を見ていると、薄明りに照らされた校門付近に、飯岡と宅間が二人並んで帰るのが見えた。

飯岡が大きな声で宅間に話しかけていた。

「宅間先輩、俺、腹減った。駅前で牛丼おごってくんねーか」

宅間は首を振っている。

「えー、宅間先輩、ケチじゃん、おごってくれよー」

私は職員室の窓を開けて叫んだ。

「こらー、飯岡！　早く帰れ！　おまえはばつで家まで走って帰れ！　馬鹿やろー」

「あー、やべー、じゃあねー、宅間先輩、バイ、バーイ」

飯岡は暗闇の中を逃げるように帰って行った。


翌朝、職員室の時計は八時十五分を指していた。

後から出勤してきた教師が私に宅間が来ていることを告げてくれた。見るとすでに宅間は職員室入口に立っていた。

「おう、宅間、今日は早いな。こんな早くにどうした」

私は宅間に近づいた。

「先生、俺…」

「ん？　何だ」

「俺、ピッチャー、やりたい」

「ん？　何だって、声が小さくて聞こえないぞ」

「ピッチャー、やりたい」

「…ん？　おまえがピッチャーやりたいのか」

宅間がうなずく。

「そうか、でもピッチャーはウインドミルを覚えないといけないし、練習もすごく大変だぞ」

「俺、佐久田先輩みたいになりたい」

佐久田靖男は六連覇を達成した時のエースピッチャーだ。

「そうか、でもな、ピッチャーをやると注目されるし、おまえが投げているときに写真撮られたら倒れちゃって、試合にならないぞ」

「大丈夫です」

宅間ははっきり言った。

普段、自分からまったく話すことのない宅間が、はじめて自分の意志を伝えてきた。私も三月で卒業する佐久田の後のピッチャーを育てなければならなかったが、その候補に宅間はまったく入ってなかった。私は宅間が自分から言ってきたことはすごく嬉しかったが、宅間にピッチャーをやらせることは無理だと思った。

挑発

年が明けた一月七日、私はまた大学の野球場を目指して歩いていた。この日はＳＢＣフェニックス初めての実践練習が行われる。

午前八時三十分、駅からの下り坂を歩き、野球場入口が見えてくると、またタバコを吸っている選手が二人、目に入った。一人は田岡だった。田岡はタバコを吸い終わると、そのまま足元に捨て、右足で踏みつぶした。私はその田岡の姿を目の当たりにして、すごくいらついた。

私は田岡の前で立ち止まると、わざと大きな声で挨拶した。

「おはよう」

「ちわっす」

田岡は頭も下げない。

「田岡、踏みつぶしたタバコ、そこにある吸い殻入れに捨てろよ」

「えっ、あー、すんませんねー、おまえ、吸ったら俺のも捨てといてよ。へへへ」

田岡は隣の選手に平然と言った。

「田岡、おまえの吸ったタバコだろ。自分で捨てろよ。大学の野球場を借りているのだから、常識をわきまえろよ」

私は語気を強めて言った。

「ちぇっ、はいはい、面倒くせーなあ」

田岡は何と、踏みつぶしたタバコを右足で吸い殻入れの方向に蹴り飛ばした。

その光景を見た隣の選手がニヤニヤしながら言った。

「おい、田岡、やめとけよー、俺はちゃんと捨てるからよ。こうですか、コーチ」

その選手は吸い殻入れに近づくも、少し前からタバコを投げた。タバコは、たまたま吸い殻入れに入った。

「おー、俺、コントロールいいだろ」

鼻で笑っていた。

「まぐれだろ、おまえ」

田岡はニヤニヤしながら言う。

馬鹿にされた私は、怒りをそのまま田岡にぶつけようとしたが、急に田岡の表情が一変した。

「あー、徳山さん、おはようございます！」

田岡が笑顔で言った。

見ると徳山ヘッドコーチが我々のいる所に向かって歩いてきた。

ヘッドは元プロ野球選手だけあって身体が大きい。身長は優に百八十㎝以上あり、体重も九十kgぐらいはあるだろう。顔もやけに大きく、目つきは鋭い。髪はかなり薄くなっていた。

そんなヘッドの顔と大きな身体から発する威圧感は凄かった。

「おー、田岡、おはよう。松木もな」

私はヘッドに向かって頭を下げて、挨拶した。

「おはようございます」

ヘッドは私を一瞥（いちべつ）してから、少し頭を下げた。

「徳山さん、今日の練習、よろしくお願いします。控室はまた前のときと同じ部屋ですよ。一緒に行きましょう。あっ、それより、先に一服しますか」

田岡は笑顔のままだ。

「あー、駅から歩きながら吸ってきたから、いいや。とりあえず、部屋に行こう。寒いしな」

「そうすっか。じゃあ、一緒に行きましょう」

ヘッドを中央に田岡と松木学は一緒に並んで楽しそうに話しながら、部屋に向かった。

その場に残った私は、嫌な気分を何とか堪えて、田岡が踏みつぶしたままのタバコを手で拾い、吸い殻入れに捨てた。

そのとき。

「久保田君、おはよう」

急に声がしたので、振り返ると監督が立っていた。

「あっ、監督、おはようございます。あっ、本年もよろしくお願いします」

私は姿勢を正し、頭を下げて挨拶した。

「こちらこそ、よろしく。それより、さっき、徳山が何か言ってきたか」

「あっ、えーと…、いえ、大丈夫です」

「そうか、なら、いいけど」

監督は私の目を見続けている。

「ところで、今日の控室はどこかな」

「はい。前回と同じ部屋のようです。一緒に行きましょう」

私は監督と歩きながら一言二言交わしただけだったが、さっきの嫌な気分は少しずつ消えていた。


九時三十分、練習が始まった。選手たちの大きな声がグラウンド中に響き渡り、アップが開始された。

私は一人でその様子を眺めていた。

すると少し離れたところから、ヘッドの声が聞こえてきた。ヘッドの隣には監督がいた。

「監督、このチーム、いいメンバーが集まりましたなあ。ピッチャーもそこそこですし、野手の田岡、松木、KとEもいいですよねぇ。さすが、監督が目にかけて獲ってきただけのことはありますねぇ」

笑顔で話すヘッドの表情は、今朝、私を一瞥したときとは別人のようだった。

「あー、そうか。でも、まだどんな選手かはよく見ないと分からないしな」

「いえ、いえ、みんな監督を日本一にしたいって、言ってますよ。このメンバーなら都市対抗だって出られますよ。そうなれば、監督の株もまたまた上がりますねぇ。私も一生懸命に監督を支えますんで」

気のせいか、ヘッドは少しもみ手をしているように見えた。

「まあ、しばらくは選手たちの様子をよく見て、それぞれの個性も掴まないとな。何せ、練習は土日しかできないのだから。選手たちを把握するのは難しいぞ」


ＳＢＣフェニックスは社会人野球におけるクラブチームに属していた。一方、同じ社会人野球でも会社登録チーム（通称企業チーム）というのもある。こちらはその名の通り、企業活動の一環として野球を行うというもので、企業から給料をもらい野球ができる。ほとんどプロに近い形態であった。クラブチームは企業チームと違い、野球をやりたい者が自発的に集まった有志により運営される硬式野球チームとなる。いわゆる「草野球」と違うのは硬球を使用する硬式野球であること。またクラブチームも企業チームと同じように都市対抗予選や日本選手権予選に参加することができた。だが、クラブチームは選手それぞれが別々の仕事であったり、学生であったりするため、チームとしてまとまって練習するのは土日や祝日しかなく、練習グラウンドも公営グラウンドや大学、高校のグラウンドを借りなければならない。またクラブチームの運営資金の大半は選手たちの部費であった。ほとんどプロとして野球に取り組める企業チームとは、環境面や野球にかける時間、資金面で大きな差があった。


練習はアップ、キャッチボールが終わると、シートノックに移行した。

監督が私のところに歩み寄ってきた。

「久保田君、ノック、打ってくれるか」

「えっ、私ですか。ヘッドではなく」

「徳山はピッチャー出身だから、ノックがうまくないんだよ。頼むよ」

「はい」

（困ったなあ）

私はノックにはそれなりに自信があった。それは、技術の拙（つたな）いソフトボール部の生徒たちがうまくボールを捕るために、いつも狙ったところにノックを打ち続けてきたからだ。それこそ、生徒が私に向かって掲げたグローブを狙い、そこにフライを打ってグローブの中にボールを打ち込んだことも何度かあった。

ボールを捕った生徒は「先生、捕ったよ！」と大喜びしていた。

ボールをまったく捕れなかった生徒には大きな喜びであり、その積み重ねが自信につながって、技術も上達していった。このような経験もあり、私は知的障がいのある生徒たちにソフトボールを指導してから、ノックだけは誰にも負けたくないと思っていた。

しかし、いきなり社会人野球で硬球のノックとは…。

だが、やるしかない。またここでビビったところを見せると、田岡たちに何を言われるか分からない。

ノックの前に内野手のボール回しが始まった。キャッチャーから順に一塁ベース、二塁ベース、三塁ベース上にいる選手にボールが投げられる。そして一周回ってまたキャッチャーにボールが戻ってくると、今度は逆に回す。次に対角にもボールが投げられて、最後はまたキャッチャーにボールが戻ってきた。キャッチャーの選手が私にボールを渡しながら大きな声で言った。

「ノック、お願いします」

ボールをもらう私の右手の掌は緊張して汗ばんでいた。左手にノックバット、右手にボールを持ち、選手のいるグラウンドを見た。

（遠いなあ）

いつもやっているソフトボールより、塁間や外野までの距離がものすごく遠く感じた。

（外野までボールが届くかな）

「さあ、ノックいこう！」

キャッチャーが両手を広げて守っている選手に大声を出す。

「お願いします！　さあ、来い！」

サードの選手が早く打てと私を呼んでいる。

えーい、もう打つしかない。


ボテボテゴロ…。


いきなりミスショットをしてしまい、サードまでボールが届かない。

「ヘイ、ヘイ、ノッカー、どうした、どうした。カモン、カモン」

内野手が一斉に騒ぎ出す。

くそ！

カーン。

今度はいい当たりでボールが飛んだ。すると少し落ち着いて、いつもの感覚が戻ってきた。とりあえず、内野ノックは何とかうまくいった。

すぐに「外野定位置！」とキャッチャーが叫んだ。

内野ノックをしている間、外野の一か所でノックを受けていた外野手が、それぞれレフト、センター、ライトのポジションに着く。

レフトの選手が手を挙げて、大声を出す。

「ノッカー、カモン！」

松木だった。

「よし、行くぞ！」


ボテボテゴロ…。

力んだ…。


「ヘイヘイ、ノッカー、どうした、どうした。カモン、カモン」

今度は内野手、外野手、全員が騒ぎ出した。

またか、くそ！　焦るな、焦るな。

カーン。

次にすぐいい当たりが出て、レフトの頭上を越える大飛球となった。

（硬球は、けっこう飛ぶな、よし！）

いい感じで外野ノックも三周回ったところで、急に監督の声がした。

「久保田君、一回止めてくれ」

「はい」

「全員、一回集まってくれ」

監督が大声で選手たちを呼んだ。

選手たちが一斉にホームベース付近に集まってきた。

「松木なあ、さっきの送球、ボールを捕る体勢が悪かったのに、何でショートのカットプレイを使わずに、二塁ベースまで一気に投げたんだ」

監督が少し語気を強めて言った。

監督に言われた松木は、すぐに表情を曇らせた。

「俺はショートのカットマンの位置が曲がってたんで、みんなに教えてやろうと思って、一気に二塁ベースまで投げたんすよ」

（こいつ、監督に対して口の利き方も知らないのか）

「松木なあ、ボールを捕る体勢が悪いときは、無理に投げないでカットマンにしっかり返球するんだよ。みんなに教えてやるとかは、まだいいから、ノックのときは基本をしっかりやってくれよ」

監督が諭すように話す。

「…」

松木はふて腐れていた。

（おまえ、返事しろよ）

すると、田岡が一歩前に出てきた。

「久保田コーチ」

(お、お、俺かよ)

「何だ」

「コーチに聞きますけど、カットマンの入り方の決まり事ってなんすか」

田岡がにやつきながら聞いてきた。

「入り方の決まり事?」

「そうすよ。教えてくださいよ。コーチなんだから」

田岡はまだにやついている。

(ここで動揺したらやばいな)

「そ、そうだな、ボールを投げる相手とベースの間にしっかり入ることかな」

「しっかりって、どういうことすっか? なあ、松木」

松木を見ながら、また、にやつく。

「まあ、直線に入るっていうか…、うまくいかなければケースバイケースで…」

「はあ? カットマンは直線に入るんすよ。そんなの常識すよ。さっきのは、そのカットマンが直線に入れなかったから、松木は直で二塁ベースに入ったセカンドに投げたんすよ。コーチなら、こんな基本、分かってもらわないとねー」

田岡は、完全に私を標的にしていた。

馬鹿にしやがって、でも情けない…。

野球歴がないとこんなに嫌な思いをするのか。くそ！

こいつらに負けないために、野球の勉強もだが、まずは自分の得意なノックの技術を磨いて、びっくりさせてやる。

今に見てろよ！

練習は昼頃に終了した。

野球場入口前では、すでに田岡や松木を含めた五、六人の選手がタバコを吸っていた。その中央には頭一つ出たヘッドがいた。

田岡が私を見つけて、にやついた顔で言う。

「徳山さん、タバコの吸い殻はちゃんと吸い殻入れに捨ててくださいよ。ちゃんとしないと怒られますよ。へへへ」

「何だ、田岡。子どもじゃないんだから、アホなこと言うな」

「でも、そういうこと注意する人がいるんすよ、このチームは。なあ、松木」

田岡と松木はまた私のことを見て、にやついた。

私はそんな声を無視して、前を通り過ぎた。すると、また後ろから田岡の大きな声が聞こえる。

「徳山さん、この後、飯、行きませんか」

「おー、いいぞ、何ならみんなで俺の家に来るか。飯も食わしてやるし、酒も飲めるぞ。何なら、泊ってもいいぞ」

「あー、徳山さん、太っ腹すね。そうこなくっちゃ。チームのことで、いろいろと聞いてもらいたいこともあるし。なあ、松木」

(俺のこと、言ってるのか…)

私は嫌な気分を抱えながら、すぐ部屋に入り、隅の席で着替え始めた。すると後から来た監督がまた声をかけてくれた。

「久保田君、ご苦労さま。今日は疲れたよな」

「いいえ、大丈夫です。監督の方こそお疲れさまでした」

「この後、昼飯でも一緒に行きたいところだけど、あいにく仕事があってな、申し訳ない」

野球評論家の監督は、プロ野球のシーズンオフになっても忙しかった。

「久保田君、まだ慣れないところがあるかもしれないが、何かあれば遠慮なく私に言ってください。また来週もよろしく、頼みます」

「はい。分かりました」

私は監督の気遣いにまた少し救われた。だが、たかだか半日の練習だったのに、私の心身はヘトヘトだった。

今日も帰りの駅までの緩やかな上り坂が、やけに長く感じた。

やる気

三日後の火曜日、３学期の始業式が終わり、午後からソフトボール部の練習が予定されていた。

コン。　コン。　コン。

「ん？」

「何の音だ？　下で何かの工事でもしてるのかな」

私は二階の職員室で昼食を摂りながら、隣にいる彩香先生に聞いた。

「さあ、何の音でしょうね。今日は特に工事が入るとは言ってませんでしたけど」

コン。

「また音がしましたね。私、ちょっと見てきますね」

彩香先生はすぐ窓側に移動して、下を見下ろす。

「久保田先生、久保田先生、ちょっと、ちょっと」

「何？　どうした？」

「宅間君が…」

「えっ、また倒れてる？」

「いえ、何か一人でボールを壁にぶつけているんですけど」

「えっ、なんだって」

私も窓側に移動して、下を見た。

すると、宅間が職員室下のコンクリート壁に向けて、ソフトボールを投げていた。

コン。

宅間が転がってきたボールを拾い、また投げる。

コン。

「宅間君、何か投げ方、変じゃないですか」

彩香先生は不思議そうな顔だ。

「彩香先生、宅間はソフトボールのピッチャーがやるウインドミルで投げてます」

「ウインドミル？　何か野球の投げ方とは腕の振り方が反対ですね」

「そうなんですよ。日本語でいうと風車投法。あれで百キロ以上のスピードボールを投げる人もいるんですよ」

「えー、すごい。高速道路の車と同じくらいですね」

「…まあ、車とボールは少し違うけど、速いことには変わらないか」

「宅間君、ピッチャーやるんですか」

「うーん、本人はやりたいって言ってきたんだけど…。でも、あいつの投げ方、結構さまになってるなあ」


昨年末、宅間が自らピッチャーをやりたいと言ってきた日に、私は宅間にソフトボールのピッチャーが投げている映像の入ったビデオを渡した。

「宅間、このビデオな、以前先生が早稲田大学ソフトボール部の監督にウインドミルを教えてもらったとき、早稲田大のエースピッチャーの投球フォームを撮ったビデオだ。もう一本は先生の母校、日本体育大学ソフトボール部に行って、オリンピックに出たこともあるピッチャーの投球フォームを撮らせてもらったんだ。二本のビデオを貸してあげるから、冬休みの間に見て、とりあえず投げ方のまねをしてみな」

そのときの宅間は少し笑みを見せ小声で「はい」と返事をしていた。

私は養護学校のソフトボール部を指導して二年目に、東京都養護学校ソフトボール大会で優勝した。それ以降、連続優勝を重ねていくうちに、もっと強い学校と試合をして、生徒たちの能力を高めたいと考えた。そこで私は、当時勤務していた養護学校の近辺で、ソフトボール部のある普通高校に練習試合のお願いをした。しかし、十校近く連絡したものの、すべて断られてしまった。中には、養護学校というだけでろくに話も聞いてもらえず、すぐに断る学校もあった。私はどうしようもなくなったので、仕方なく女子ソフトボール部のある高校に連絡をとった。私立松蔭（しょういん）高校だった。すぐに顧問の堅田先生につながり、練習試合のお願いをすると、二つ返事で快諾してくれた。

（まあ、最初は女子でも仕方ないか…）

しばらくして、松蔭高校との練習試合の日を迎えた。

私は女子ソフトボール部の選手たちの動きを見て驚愕した。アップの時からまったく違う。ランニング時もしっかり統率がとれており、声の出し方も一糸乱れることがない。キャッチボール、ボール回し、ノック、どれもその動きの速さといったら、普段私が指導している生徒たちを三倍速にしたぐらいの速さと正確さだった。

女子だからと、私は完全になめていた。

○対二十一、大敗だった。

そのときの松蔭高校のピッチャーは、ウインドミル投法でものすごく速いボールを投げていた。ピッチャーが投げた瞬間に「ズドーン」とキャッチャーが捕球する音がした。

さらに、スピードに緩急をつけるので、生徒たちはまったく打てない。バットにかすることもできず、たまたま当たった打球がヒットになった一安打のみ、あわや完全試合になるところだった。

これが、本物のウインドミルか…。

聞けば、松蔭高校ソフトボール部は東京都の女子大会で常にベスト4に入る強豪チームだという。生徒たちがこてんぱんにやっつけられたのもうなずけた。試合後、私は大敗した悔しさもあったが、同時に試合を快く引き受けてくれた堅田先生と、一切手抜きなく戦ってくれた松蔭高校ソフトボール部の選手たちに、心から感謝の気持ちでいっぱいだった。

私はその日以降、大学の監督やピッチャーを訪ね、真剣にウインドミルの勉強をはじめた。また自らも習得しないと生徒には教えられないと思ったので、私がウインドミルをできるように自己研鑽（けんさん）を重ねていった。

しばらく職員室から宅間のピッチングを見ていると、宅間の担任が私のもとに来た。

「久保田先生、宅間君の家庭からの連絡帳に書いてあったのですが、冬休み中、毎日先生から借りたビデオを見て、一人で投げ方の練習をやっていたみたいですよ。そのうちに自分で公園に行き、ボールを投げていたんですって。宅間君がいつまでも帰ってこないから、お母さんが心配して見に行くと、一人で汗をかきながら、公園にある壁にボールをぶつけていたそうです。お母さん、いつも宅間君は自分から動くことがまったくない子だったので、びっくりしたって、でも、すごく喜んでましたよ」

「あー、そうですか。あの宅間がそんなに頑張ってましたか」

宅間は中学時代、普通学級におり、その教室では誰とも一切話すことなく、いつも一人でいたという。養護学校に来てからもほとんど同じような状態だった。

そんな宅間が、はじめて自分からやる気になったウインドミル。私はすぐ一階に降りて、宅間のもとに駆け寄り、声をかけた。

「宅間、おまえ、なかなかセンスあるな。本格的にピッチャー、やってみるか」

「はい」

今まで見せたことのない笑顔だった。


金曜日の練習後、私は一人校庭に残り、硬球を使ってノックの練習をした。

すると主将が駆け寄ってきた。

「先生、みんな揃いました。よろしくお願いします」

「おー、早いな。今行くよ」

私はノックバットをその場に置いて、主将と一緒に一階のホールに向かう。

「先生、明後日の日曜日、誕生日ですか」

「んっ？　えーと、明後日は何日だっけ…、そうか、誕生日だった。すっかり忘れていたよ。よく分かったな」

「だって、先生の携帯アドレス、あれ誕生日じゃないですか」

「そうだ。そうだ。そこに気がつく、おまえは偉い！　偉くなったなあ」

実はこの主将は、入学した頃は自宅に引きこもりで、不登校になっていた。一学期はまったく出席できず、夏休みに入ってから、ソフトボールの話をきっかけに少しずつ練習に出てくるようになり、二学期からはソフトボール部の練習に出たくて、登校するようになった。それからは、もともとの真面目さを発揮して、一日も休まずに学校に来るようになり、三年生になってからは主将を務めるまでに成長してくれた。

一階ホールに行くと、飯岡が嬉しそうな顔をして待っていた。

「日曜日、久保田先生の誕生日だってさ、みんなで歌いましょう！」

「いいよ、やめろ、恥ずかしいから、やめろよ」

「せーの」

飯岡の音頭でハッピーバースデーが始まった。

ところが♪ハッピーバースデー久保田先生♪とみんなが歌っているのに、一人だけ♪クボちゃん♪と歌っているのがいた。よく見ると、やはり飯岡だった。

「ありがとう。俺も、もう四十だよ。でもみんな本当にありがとう」

ちょっと、ウルっとしてしまった。

「四十…、ということは、じじい？」

また飯岡だった。

「こら！　飯岡！　クボちゃんとか、じじいとか、余計なこと言うな！」

「あー、やべー、また怒られる。じゃあ、さいならー」

飯岡はダッシュで校門を目指して走る。

「おい、飯岡待てよ！　先生に謝れよ！」

生徒たちがみんなで飯岡を追いかけていく。

私はそんな生徒たちの姿を見て、急に胸の中が温かくなる感じに包まれていた。

葛　藤

私はこの日もソフトボール部の練習が終わると硬球を持ち、ノックの練習をするために校庭に残った。時間は午後六時三十分、真冬の校庭はかなり冷え込んでおり、空はとっくに暗闇に包まれて、夜空にはいくつもの星が輝いていた。

私はノック練習の前に一階教室に行き、五～六教室の明かりをつけた。校庭を照らすには頼りない明かりだが、ノックを打つときに自分の上げたボールが見えるので、だいぶ助かった。

今に見てろよ、田岡、松木。ヘッドにもいいところを見せつけてやりたい。

私は校庭を囲んでいるネットの一か所に目標を定めて、そこを狙って打つ。硬球は二〜三個しかなかったので、打ち終わると自分で拾いに行き、また元の場所に戻って打った。それを何度も繰り返す。しばらく打ってから、次はキャッチャーフライの練習。これが難しい。ほぼ自分の真上にフライを打ち上げなければならないからだ。カーンと打ち上げるが、空が真っ暗でどこにボールが行ったのか、まったく分からない。万が一、真上に上がったボールが自分の頭に直撃したら、大怪我をしてしまうので、両手で頭を押さえる。

ドン。

私からかなり離れたところに、ボールが落ちた音がした。野球のグラウンドなら外野手の定位置ぐらいだろう。これではキャッチャーフライは大失敗。

暗闇の中から田岡たちの失笑と罵声が聞こえてくる。

「ヘイ、ヘイ、コーチ、キャッチャーフライもろくに打てねーのかよ」

くそ！

私はむかつく心を抱えたまま、ノックを打っては何度もボールを拾うことを繰り返した。

私が一心不乱にノックの練習をしていると、急に暗闇から声がした。

「先生よ」

飯岡だった。

「ん？ どうした飯岡」

私は急に我に返った。

「おう、もうみんな集まったか。で、なんでおまえが呼びに来た。主将はどうした」

「へへへ、俺もちょっとその硬球、やってみたいなあって、思ってさ」

飯岡は嬉しそうに言う。

「あのな、先生な、遊んでいるんじゃないんだぞ。先生、今度社会人野球のコーチをやることになってな。コーチがノック下手くそだと格好悪いだろ。だからな、毎日練習してるんだよ」

「へー、そうなのか。その社会の…」

「社会人野球」

「そう、そう、それって、プロなのか？ ジャイアンツみたいに」

「いや、プロじゃないけどな。でも、かなり近い人もやってるよ」

「そうなんだ。すげーじゃん、先生。じゃあ、俺も入りてーな、その社会の…」

「だから、社会人野球だって」

「そう、そう、それ。俺も入れてくんねーか」

「おまえは無理だな」

「えー、何で、俺もやりてーし、何か格好いいじゃん。その社会の、えーと、何だっけ」

「何でもいいけど、おまえは無理なんだって。だって、まだ高校生だろ」

「じゃあ、卒業したら、いいのか」

「まあ、そのときになったら考えるよ」

「本当か、先生！　ラッキー！」

（こいつは本当に俺の言いたいことが分かっているのか…）

「でも、先生よ、毎日ノックしてっけど、そんなに大変なのか、その野球」

「今度の二月の十一日と十二日の土日な、その野球の合宿なんだよ。そこで、ノックをうまく打てないと格好悪いんだよな」

「先生、いつも俺たちに、ガンガン打ってるじゃん。特に俺には、すげーの打つし」

「それは、おまえの根性を叩き直すためだ」

「げっ、ひでーよ、先生。でも、ということは、先生、その二月の休みの日、いねーのか」

「そうだな、野球の合宿だからな」

「じゃあ、俺たちは、練習なし。やったぜー、ラッキー！」

飯岡はみんなが集まっている一階のホールに、全力で駆けて行った。きっとすぐチームメイトに私のいない日のことを言うのだろう。

ＳＢＣフェニックスの練習は、土日や祝日に行われていた。そのため、今まで普通高校と同じように、休日も練習していたソフトボール部の練習との兼ね合いをどうするかが最大の悩みだった。他にもソフトボール部を手伝ってくれる教師はいたが、休日まですべてを任せるわけにはいかなかった。

社会人野球クラブチームのコーチは企業チームと違い、あくまでボランティアだ。交通費も出ない。お金はすべて持ち出しでやらなければならない。今度の合宿費用も、もちろん自分で払う。ソフトボール部の監督は学校の部活動顧問としての活動。当然仕事である。休日は顧問をもたない他の教師と同じように休んでもよかったが、大会優勝を目指した部活動の責任者としては、そうもいかない。ここまで積み重ねてきたソフトボール部の生徒たちや保護者への責任もあった。

自分のやりたかった硬式野球。でも仕事としての大事な生徒指導も放り出せない。

自分のやりたい野球のことだけを考えて、突っ走っていいのか。

知的障がいのある生徒の指導はもういい？　やりつくしたのか？

私自身、よく分からないまま、時だけが勝手に過ぎていった。

合宿

二月十一日、私は自宅最寄り駅から始発電車に乗り、千葉県C市に向かった。この日から一泊二日でSBCフェニックスの初合宿が行われる。

昨日、ソフトボール部の生徒たちには、この土日は私の都合で練習がないことを伝えた。飯岡は満面の笑顔で喜んでいたが、主将や宅間は少しうつむき、暗い表情をしていた。

（先生、なんで練習やらないんだよ。俺たちよりも自分の野球の方が大事なのかよ）

そういうことは、絶対に言わない素直な生徒たちだけに、私はすごく後ろめたい気持ちを抱えたまま、合宿地に向かう。遠路三時間はかかる長旅だが、車窓から見える景色をぼんやり眺めていても、やはり生徒たちのことが気になってしまう。

主将はソフトボールができず、つまらなくなって、週明けに学校を休まなければ、いいけど。宅間は、自分でピッチング練習してるかな。キャッチャーの主将と一緒に練習するように言っておけばよかった。

飯岡は、また中学時代の友達とつるんで悪さをしなければいいけど。あいつには昨日、帰る前にもう一度しっかり言っておけばよかったかな。

他の生徒のことも、いろいろと気になって仕方がなかった。

こんなに気になるのなら、ソフトボール部の練習を一日やって、二日目の朝から合宿に参加すればよかった。そうすればお金も助かるし…。

いろいろと考えれば考えるほど、モヤモヤ感が増すばかりだった。

千葉駅を過ぎた頃、同じ車両にＳＢＣフェニックスの選手が乗ってきた。

「久保田コーチ、おはようございます」

「おはよう」

「今日からよろしくお願いします」

その選手は礼儀正しく、頭を下げた。

「こちらこそ、よろしくお願いします。村松君はこの土日、仕事休めたの」

「今日と明日の午前中までは何とかなりましたが、明日の昼には戻らなければなりません」

「そうだよね。大手の鉄道会社は大変だよね。みんなが休みのときこそ仕事しないとな」

村松優は身長百六十八cmと野球選手にしては小柄だが、身体は筋肉がしっかりついておりたくましい。髪はスポーツ刈りで整えて清潔感がある。村松は大手鉄道会社の硬式野球部でプレイし、現役引退後もコーチとして残り、都市対抗にも出場したことがある。コーチ引退後に野球を離れて社業に専念したが、もう一度現役選手としてプレイしたいと、三十代半ばで一念発起し、SBCフェニックスに入団してきた。

村松は大きな鞄を網棚に載せて、私の隣に座った。

「コーチは仕事、休めたんですか」

「俺は教師だから、基本的にはカレンダー通りに休めるんだけど…」

「コーチは障がいのある子たちの学校ですよね。ソフトボール教えているんでしたっけ」

「そうなんだ。この土日は部活動休みにしたから、合宿はフル参加だよ」

「俺はよく分からないですけど、障がいのある子たちに教えるのは大変じゃないですか」

「最初はね。俺も日体大出た後、高校野球の監督になりたくて、都立高校受けて合格したと思ったら、いきなり養護学校の勤務だったんだ。そのときは、ものすごく落ち込んで、もう二度と野球はできないと思ったよ」

「そうなんですか。自分が希望しなくても、養護学校とかに行かされるんですね。知らなかったです」

「村松君みたいに野球がうまくて、高校、大学でプレイして、企業チームまでやれる選手がうらやましいよ」

「いえいえ、俺なんて本当に大したことないですよ。コーチみたいに障がいのある子に教える方がよっぽどすごいと思いますよ」

村松は真剣な眼差しで話した。

「でも、今回、急に硬式野球をやることになって、戸惑いも多いけど、いらつくことも多くてさ」

つい本音が出てしまった。

「田岡たちですか」

「うん、まあ、いろいろとな…」

コーチの立場でははっきり言えない。

「あいつら、今までも好きなこと言って、野球をやってきたんだと思いますよ。でも、そんなのだと、長くは続きませんよ。企業チームでも、自分勝手なことばかりしているやつは駄目でしたね。仲間から信頼されない」

「ふーん。企業チームでもそういうのいるんだ」

「いますよ。俺がコーチのときはそういう選手を指導するのがすごく大変でした。でもいくら言っても結局は駄目で、野球も続かない。そのまま会社にも残らず、退職しましたよ」

「へー、村松君の会社、野球終わっても、会社に残れるんじゃないの」

「ほとんど残りますけど、会社も馬鹿じゃないですから、人間的に駄目なやつはしっかり見られていて、その辺は厳しいですよ」

「まあ、そりゃそうだよな。会社も利益につながらない社員はいらないよね」

「そうですよ。現に田岡も会社に残ってないでしょ。あいつのところも、野球終わってから残れるはずですから」

電車に揺られながら、村松との会話が進む。私はやっとチーム内に理解者が登場してくれた感じがして、少し嬉しくなった。

村松は急に立ち上がり、網棚に載せた大きな鞄からスポーツドリンクを取り出し、一気に半分近くまで飲んだ。

「ところでコーチ、一度聞きたかったのですが、何でうちのチームに関わることになったんですか」

「そうだよね。不思議だろ。野球歴も大したことないのにって、思ってるだろ」

「いえ、そんなことはないですよ。どこで沢村監督と知り合ったのかなって」

私もすごく喉が渇いていたが、村松との会話を続けた。

私は指折りして数えながら、

「もう九年前になるかな、ティーボールの大会でな」

「ティーボールって、ティー台に載せたボールを打つやつですよね」

ティーボールは一九九三（平成五）年に協会が発足した。私は当時の知り合いとの縁で、一九九六（平成八）年に協会に入会していた。

「そう、そう、よく知ってるね。で、その大会が障がい者と健常者が一緒にやるティーボールだったんだよ。そこにゲストティーチャーとして監督が来て、そこからの縁かな。でも、最初は俺がすごく緊張しちゃって、全然話せなかったよ。何せ、有名プロ野球選手だったからな」

「そうですよね。俺もＳＢＣフェニックスに入って、はじめて挨拶したとき、少しビビりましたよ」

「そうだろ。野球やっている人は、プロ野球選手は子どもの頃のヒーローだよな。それで、ティーボールで会って、三年目ぐらいにやっと話ができるようになって、俺もずうずうしいから、俺の学校の生徒たちに、ティーボールを教えてくれないかって、頼んだんだよ。ふつう、駄目だろ」

「まず、無理っすよね」

「それが二つ返事で、了承してくれたんだよ」

「監督、いいとこありますねー」

「実は、再来週の月曜日もまた学校に来てくれるんだけど、次で六年連続だよ。生徒たちも沢村先生、沢村先生って、毎年みんな喜んでくれてさ。本当にありがたいよ」

「あー、そういうつながりだったんですね」

「それでな、昨年の十月頃だったかな。監督から電話もらって、一緒に野球やらないか、手伝ってくれって言われてさ。そう言われたら、断れないだろ」

「そりゃ、断れないですね」

「でも、俺も監督に声かけてもらったときは、すごく嬉しくってさ。さっきも言ったけど、もともと都立高校で野球部の監督をやりたかったから、硬式野球の夢が叶ったって、おまけにあの沢村健夫のチームだろ」

「ネームバリューありますからね。うちの監督。あっ、コーチそろそろ駅に着きますよ」

「もう、着いたのか。村松君と話してたら、すぐに着いた感じだな」

私は村松と一緒に大きな鞄を抱えて、野球場の最寄り駅で降りた。二人で駅のホームを歩いていると、海風が潮の香りとともに暖かさを運んでくれて、とても心地よかった。

その心地よい風とともに、今朝のモヤモヤ感はどこかに流れていった感じがした。

午前十時、合宿一日目の練習がスタートした。練習場は公営の本格的な野球場を借りたので、選手たちもやる気がみなぎり、アップのときからひときわ大きな声を出している選手が多くいた。二月中旬とは思えない暖かさもプラスして、選手たちの動きはいつもより軽やかに感じられた。

練習はアップの後、ベースランニング、キャッチボールと進み、シートノックの順番になった。もう監督からの指名を待つことなく、私はバッティング用の皮手袋をつけ、ノックバットを持ち、ホームベース付近に向かう。キャッチャーが私にボールを渡した。

「さあ、ノックいこう！」

キャッチャーが守っている選手たちに、大声で言った。

ふとセンター後方のスコアーボード上にある旗を見ると、ホームベースからセンター方向に風が流れているのが分かった。

（よし、今日はボールが風に乗って飛ぶぞ）

いつも通り、塁間のボール回しが終わり、内野ノックになった。

ショートの田岡の番になる。

「ヘイ、ノッカー、カモン」

（おまえ、日本語で「ノック、お願いします」って、言えよ）

カーン。

ノックバットの芯に当たり、回転のいい打球が飛んだ。

田岡はその打球を軽やかにさばき、ゆうゆうと一塁の村松に送球した。

「ナイス、ショート!」

内野手が一斉に大きな声で言った。

内野ノックは順調に進み、外野ノックになった。

「外野定位置!」

キャッチャーが叫ぶ。

「ヘイ、ノッカー、カモン」

松木だ。

(おまえもか)

カーン。

私の打ったボールは、ホームベースからレフトポール下まで引いてある白線の真上をライナーで飛び、ノーバウンドでレフトフェンスを直撃した。その打球を見て、びっくりした表情の松木が慌てて走り出し、フェンスに当たったクッションボールを捕り、振り向きざまにショートの田岡に投げた。田岡は半身でボールを捕ると、すぐに矢のような送球をセカンドベースに入った選手に投げる。

「ナイスレフト！　ナイスショート！」

選手たちが元気な声で言った。

「ナイス、ノッカー」

村松だった。

すぐにキャッチャーが「ナイス、ノッカー！　さあ、もう一丁いきましょう」と大きな声を出しながら、私にボールを渡す。

カーン。

ノックボールは、左中間に大きな飛球となり、上手くワンバウンドでフェンスに当たった。そのクッションボールを捕ったセンターが、今度は一人でセカンドベースに入った選手に一気に投げた。

「ナイスセンター！　ナイスボール！」

（あれ？　ナイスノッカー！　はないの？）

外野ノックも調子よく進み、外野バックホームで各ポジションの選手が終わり、続いて内野バックホームでサード、ショート、セカンド、ファーストの順番で選手たちが終わっていく。

「キャッチャーお願いします」

キャッチャーがひときわ大きな声で叫ぶ。

（よし、ここが勝負だ）

カーン。

自分でもびっくりするような高い打球が真上に飛んだ。その打球はセンター方向への風で少しマウンド付近に流れたが、キャッチャーは余裕をもって「オーライ」と大きな声を出し、捕球した。

「ナイス、ノッカー!」

選手たちが一斉に大きな声で言ってくれた。

(よっしゃー!)

私は少し胸を張ってベンチに戻った。すると、すぐに監督が声をかけてくれた。

「ノック、ご苦労さま。選手たちも久保田君のノックにつられて、すごく動きがよかったよ」

「はい。打っている私も気持ちよかったです」

私がベンチに戻って皮手袋を取り、スポーツドリンクを飲みながら一息ついていると、島田コーチが隣に座った。

「久保田さん、ノック上手だよねー。企業チームのコーチでも、そこまでうまく打てる人はあまりいないんじゃないかな。ノックを上手に打てる人がいると、選手たちの守備がどんどんうまくなるから楽しみだね」

「はい。またがんばります」

私はすごく嬉しい気持ちと、無事に終わった安堵感が交錯した不思議な気分だった。

（ノック練習を続けてきてよかったなあ）

ふと、視線を横に向けると、ベンチ裏の出口から、紫煙が横に伸びているのが見えた。その先には、私を凝視しているヘッドの険しい眼差しがあった。

夜

「えっ、監督と同室！」

私は宿泊する旅館のロビーで渡された宿泊部屋のリストを見て、驚いた。

すぐチームスタッフの杉田和也に耳打ちする。

「おい、おい、何で俺が監督と同室なんだよ。ヘッドの方がいいだろ」

杉田はまだ二十代後半だ。

「ええ、最初は監督とヘッドが同室だったんですけど、何か監督の方から変更するように言われまして。ヘッド、タバコ吸うので、監督、嫌なんじゃないですか」

「ふーん、そうなんだ。でも、俺かよ。緊張するじゃねーか」

「そうですね。私だったら、部屋で何話していいのか分からないし、緊張して、夜、眠れませんよ。たぶん」

杉田は少し笑いながら言った。

「おまえ、他人事だろ」

私は少し大きな声を出す。

「いえ、いえ、そんなことは…」

「そんなことは、何だよ」

「コーチなら、大丈夫ですよ。また明日の朝、どんな風だったか、話を聞かせてくださいよ。じゃあ、俺、すみません、選手たちにも部屋割りを配らないといけないので」

杉田は、ロビー中央にいる選手たちのところに小走りで行ってしまった。

「ふー」

（まじか…）

「久保田君、部屋は何号室だったかな」

監督がすぐ後ろにいた。

「あっ、はい。えーと、三階の三〇五号室ですね」

「そうか、じゃあ、行こうか」

「あっ、監督、鞄、お持ちします」

「いいよ、いいよ。気を遣わないで、鞄は自分で持つから」

「はい。今晩、よろしくお願いします」

「こちらこそ。部屋に入ったら、早速風呂に行って、汗を流そうか」

「はい。分かりました」

（ふー）

部屋に入ると、すぐ旅館の大風呂に入り、その後夕食、八時三十分からはミーティングがあった。ミーティングは、夕食時に使った大きな宴会場を使うことになっており、時間になると選手たちは三々五々集まってきた。選手たちが畳の上に座ったことを確認すると、監督の講話が始まった。私は監督の話をメモをとりながら、しっかり聞いた。特にプロ野球時代にアキレス腱の故障に見舞われながら、二度も復活した件には大きな感銘を受けた。やはり、野球界でのし上がった人の話は重みがあるなと、いち野球ファンの立場で聞いていた。

ミーティングも終わり、部屋に戻ると監督が言った。

「あー、少し話疲れた。ちょっと話が長かったかな」

「いえ、監督の現役時代を知る私には、すごくいい話で、時間が経つのもあっという間でした」

「そうか、ならいいけど。選手たちにも少しは役立ってくれるといいけどな」

「そうですね。でも、けっこう真剣に聞いている選手が多かったんで、みんな勉強になったと思いますよ」

「そうか。また次の機会にも話しますよ。ところで、少し喉が渇いたな。ビールでも飲みたいところだけど、合宿中に首脳陣が酒盛りをするわけにもいかないしな。久保田君、悪いけど何か買ってきてもらえるかな」

「分かりました。何がよろしいですか」

「そうだな。お茶にするか」

「はい。すぐに買ってきます」

私は急いでエレベーターに乗り、ロビーにある自動販売機に向かった。

一階ロビーに着くと、玄関前の駐車場から話し声が聞こえる。自動販売機で監督のお茶を買った後、玄関を出て様子を見た。

「徳山さん、あとKとEも来るんで、少し待っていてください」

田岡の声だった。

「おーい、早くしろよ。俺はアル中なんだから、早くアルコールという薬を体内に注入しないと駄目なんだぞ」

ヘッドが選手の車の助手席の窓を開け、顔を出しながら叫んだ。

「もうちょいですから、我慢してくださいよ。それより、こんな田舎に飲めるとこ、あるんすか」

田岡が嬉しそうに聞く。

「まあ、俺に任せとけ。プロ野球界で培った人脈を馬鹿にするな。ハ、ハ、ハ」

笑いながらヘッドはタバコに火をつけた。

「それって、単にいろいろなところの飲み屋を知っているだけでしょ」

別の車から松木が降りて来て言う。

「徳山さん、お待たせです。揃いましたんで、行きましょう」

また田岡だ。

ヘッドを助手席に乗せた車を先頭に二台の車が連なり、旅館の駐車場を出るとすぐに左折して、三台の車は私の目の前に見える国道を走り去っていった。

私はその光景をただぼう然と見ているだけだった。だが、段々と怒りと情けなさが入り混じった複雑な心境になった。


おまえら、ここに何しに来てんだよ。さっきの監督の話、聞いてなかったのか。

これじゃ、社会人野球じゃなくて、ただの草野球だ。


私はまだ駐車場を見続けたままだったが、急に我に返ると、手にお茶を持っていることに気づき、慌てて部屋に戻った。

「監督、遅くなって、すみません。ロビーの自動販売機のお茶が売り切れで、国道まで出て買ったので、遅くなりました」

思わず嘘をついてしまった。

「あー、それは悪かったね。申し訳ない。それより、外から選手たちの声が聞こえたようだったが、何かやってるのか」

「あっ、えーと、外で何人か素振りをしていたかと…」

また嘘をつく。

「そうか、ならいいけど。じゃあ、これ飲んだら、少しバットスイングを見てやるかな」

「あっ…、はい」

（まずい、事実を言えばよかった）

その晩は、ヘッドたちへのいらつきもあり、すぐには寝付けなかった。また、監督を起こしたらまずいと、トイレも我慢したので、なかなか休むことのできない夜だった。

翌朝九時、私は野球場のベンチで監督の隣に座り、ぼんやりとグラウンドを眺めていた。すると、少しタバコ臭いにおいを感じたので振り向くと、ベンチ裏の出口から、紫煙が横に伸びているのが見えた。

ヘッドだった。

すぐヘッドのそばに田岡たちが集まってきた。

「徳山さん、昨日はごちそうさまでした」

田岡が笑いながら言った。

「俺もたくさん飲んだし、腹いっぱいっすよ」

松木が腹をさすりながら続く。

「おー、おまえら、飲みすぎ、食べ過ぎで、練習中に吐くなよ。ハ、ハ、ハ」

ヘッドが大声で言った。

（これじゃあ、本当に草野球チームの光景だ。情けない）

「久保田君」

監督が語気を強めて呼ぶ。

「はい」

監督の方を向き、背筋を伸ばした。

「徳山たち、昨晩、飲みに行ったのか」

「はい。さっきの話を聞いていると、そうみたいですね」

（昨晩、言えばよかった…）

「徳山もしょうがねーな。コーチが選手たちと一緒になって飲んだりしてると、お互いに甘えが出て、厳しいことを言えなくなるんだよな」

「はい」

「徳山には、私からも少し言っておくか」

「…」

変化

三月の卒業式、生徒たちの門出を祝うのにふさわしい晴天だった。六連覇を達成したエースピッチャーの佐久田らソフトボール部三年生が卒業した。卒業式が終わると、佐久田が職員室にいる私のところに来てくれた。

「先生、三年間、ありがとうございました」

佐久田が笑顔で言う。

「おう。今日はおめでとう。卒業しても仕事、頑張れよ」

「はい。でも、休みの日には練習に来ますよ。俺、身体動かさないとすぐ太るから」

佐久田は清掃系の会社に就職が決まっていた。

「そうだな。いつでも来て、練習手伝ってくれよ」

「はい。でも俺、先生にピッチャーやれって言われたときは、本当に自信がなくて、最初に投げた試合覚えてますか?」

「覚えてるよ。ボロ負けだったよな」

「あのとき、打たれるし、ストライク入らないし、悲惨でした。俺、家に帰ってから泣きましたよ。もう絶対にピッチャーはやらないって」

「そういえば次の日、そんなこと俺に言いに来たな」

「そしたら先生、俺に何て言ったか、覚えてますか」

「何て言ったかな」

「馬鹿野郎、弱音はいている暇があったら練習しろ、ですよ。俺、またヘコみましたからね」

「あー、そりゃ、悪かった。でも、おまえ、あれからすごく頑張って、東京都の養護学校でダントツのピッチャーになったよな。大したもんだよ」

「でも、先生、厳しいこと言うけど、いつも練習に付き合ってくれたから」

「まあな。おまえらがうまくなると、俺も嬉しいからな」

「先生、俺の次は宅間ですか」

「あー、今のところはな」

すると、主将が階段を駆け上がって、私と佐久田のところに来た。

「先生、ソフトボール部で写真撮りますので、下に来てください。佐久田先輩もお願いします」

「分かった。すぐに行くよ」

私は自席にかけてあったスーツの上着を手にし、一階のホールに降りた。すでに、三年生やその保護者が並んで待っていてくれた。

全員で集合写真を撮ろうとしたそのとき。

「あっ、宅間、やばい。ちょっと、ちょっと、待って」

カシャ。

「もう、せんせー、何、動いてるんですか」

写真を撮っていた二年生のお母さんに笑われた。

「はーい。もう一枚撮りますよ。せんせー、今度は動かないでくださいねー」

ハーイ、チーズ、カシャ。

(あれ、宅間は、いないのか)

探すと、いた。飯岡と肩を組んでいる。

(何で？ 何で？ 倒れない？ 大人数で撮るときは大丈夫だった？ えー？)

私が不思議な顔で宅間を見ていると、さらに恐ろしいことが起きた。

「佐久田先輩、次のピッチャー、宅間先輩とのツーショット、撮りましょう！」

飯岡が大声で言った。

「馬鹿、飯岡、やめろー」

飯岡は写真に夢中になって、私の声にまったく反応しない。

「飯岡！ 駄目だって！」

「ん？」

飯岡は一瞬私の方を見たが、すぐに自分の携帯を持って写真を撮った。

カシャ。

(今度は完全に駄目だ…)

「はい。はい。次はY先輩も入ってね。宅間先輩、笑って、笑って」

カシャ。

(えー? えー? 倒れない? 何で?)

写真撮影も一段落して、卒業生や保護者を見送った後、私は主将を呼んだ。

「なあ、宅間なんだけど、写真撮ったとき、倒れなかったよな。何でだ」

「えーと、そういえば、最近倒れてないですね。飯岡も面白くないって、言ってましたよ」

「あの、馬鹿…」

「最後に倒れたの、十二月の冬休み練習のときですかね。あれから、倒れてないですね」

「ピッチャーの練習やり始めてから、倒れてないか」

「そういえば、そうですね。宅間、ピッチャー、すごくやる気なんで」

「夢中になることがあると、倒れるの忘れるのかな。そんなことないと思うけどなあ」

「じゃあ、先生、俺、着替えて弁当食べますね。午後の練習もよろしくお願いします」

主将は小走りで校舎内に入っていった。

私は狐につままれたような感じのまま、職員室に上がった。すぐに更衣室に入り、スーツからジャージに着替えた。その後、手早く昼食を摂り、練習前にひと仕事終えようと思い、パソコンに向かった。

ドン。

「うるせーなあ、また宅間か」

職員室の窓際に座っている髭面の美術教師が、眠たそうな声で言う。

ドン。

「おい、宅間。先生の昼寝の時間を邪魔するな」

美術教師は窓を開けて、本気で怒っていた。

「先生、すみません。宅間、今、ピッチャー練習に夢中なんで、勘弁してやってください」

私は頭を下げた。

「そうですか。じゃあ、私は美術室に行って寝ますよ」

美術教師は自分の髭を触りながら、大きなあくびをして職員室を出ていった。

私が開いたままの窓から宅間のピッチングを見ていると、私の隣の席から彩香先生が来て、嬉しそうな表情で言った。

「最近、宅間君が投げたボールの当たる音、すごくないですか。前は、コン、コンって、小さな音だったのに、最近、ドン、ドンって、職員室まで響く感じですよね」

「実は、あまりにも毎日壁当てをやってるので、壁が少しヘコんでしまいました。内緒ですよ、彩香先生」

「はい。言いませんよ。でも宅間君、それだけピッチャーのボールが速くなったってことですか」

彩香先生は笑顔で聞いた。

「そうなんですよ。前に言ったウインドミルを段階的に教えているんですが、もうかなり最終段階にきていて、最近は右ひじを右腰の腰骨に当てて、てこの原理でボールを勢いよく投げる投法も身につけてきたんですよ」

「えー、てこの原理？」

彩香先生は不思議そうに首を傾げた。

「まあ、上から見ててくださいよ。ボールを投げる瞬間に、右ひじと右腰の腰骨がぶつかる音がするので」

バシッ。

「あー、本当だ。痛くないのかな、宅間君」

「そりゃ、最初は痛いですよ。でも、やっていくうちに慣れてきますよ」

「そうなんですね」

彩香先生は納得した顔でうなずく。

「それより、さっき、びっくりしたんだけど、宅間、写真撮られても倒れないんですよ」

「そういえば、最近、宅間君が倒れたって、聞きませんね。ピッチャー練習に夢中になって毎日頑張ってるから、倒れるの忘れちゃったんじゃないですか」

「本当にそんなこと、あるのかな」

私はまだ納得できない。

「じゃあ、宅間君、もう少ししたら、試合で投げられますか？」

「うーん。これから練習でうちのバッターに投げて、三月下旬の練習試合で投げさせようかな」

「そうなんですね。そのとき、私、応援に行きますねー。楽しみにしてまーす」

彩香先生はとびきりの笑顔で言った。

なぜかそのときの私は、彩香先生に応援に来てもらった試合で、鼻の下を伸ばして喜んでいる飯岡の姿が目に浮かんだ。

宅間は、昨年末にピッチャー練習を始めてから、毎日黙々と練習に励んでいた。私が早稲田大学ソフトボール部の監督に教えてもらったウインドミルの段階練習法も一つずつマスターしてきた。その上達ぶりは目を見張るものがあった。

宅間はパニック障がいを抱えており、写真を撮られると、倒れて身体が硬直してしまうことがあった。ピッチャー練習を始めてからは、なぜか、それが見られなくなった。今日の宅間は、佐久田と一緒に写真を撮っているときには、笑顔も見えた。また倒れてしまうのかと慌てふためいたのは私だけで、当の宅間は夢中になっていることをやり続けることで、一段ずつ達成感を得ながら階段を上り、少しずつパニック障がいを克服しているのかもしれない。自分からピッチャーをやりたいと、勇気をもって私に言った宅間が、自分で勝ちとった大きな変化だった。

屈 辱

三月十八日、茨城県にある大学とのオープン戦の後、私は監督と一緒に夕食を摂っていた。場所はＪＲ常磐線のとある駅前の和定食屋だ。

「今日も、ご苦労さま」

監督が私にビールを注いでくれる。

「あっ、監督、すみません…」

私は恐縮しながら、グラスを差し出した。

「監督もどうぞ」

私は監督の持っているビール瓶を取ろうとする。

「あー、いいよ、私は自分でやるから」

監督は自分のグラスにビールを一気に注いだ。

「すみません…」

「じゃあ、ご苦労さま」

監督がビールの入ったグラスを少し上げたので、私は頭を下げながら、右手に持ったグラスを上げた。

「お疲れさまでした」

監督と私はビールを一気に半分近くまで飲み干す。

「今日も勝てなかったな。特にピッチャーの出来が悪いな。四死球も多いし、簡単に点を取られすぎるな」

監督は言い終えると、残りのビールをすべて飲み干した。

私はすかさずビール瓶を取り、今度はしっかりと監督のグラスに注ぐ。

「あー、ありがとう。都市対抗予選まであと約二か月だから、ピッチャー陣を何とか整備しないといけないいな」

「そうですね。野球はまずピッチャーですからね」

私も残りのビールを飲み干した。

「ところで、最近の選手たちの様子はどうだ」

「えーと、そうですね。少し気になるところはありますが…」

「ん？ 田岡たちのことか」

「まあ、そうですね。あいつらもいろいろと思うところがあるみたいで」

「まだ徳山とも飲みに行ったりしてるのか」

監督が少し不機嫌そうな顔で言った。

「よく分かりませんが、練習中のヘッドと田岡や松木との話を聞いていると、かなり頻繁に飲み食いはしているようですね」

「この前の合宿の後、徳山には注意したんだけどな。あいつ、まだ分かってないのか」

監督はかなり語気を強めて言った。

「ヘッドを中心に選手たちが徒党を組んで、チームへの不満を言わないといいんですけど」

私はできるだけ柔らかく話した。

「選手たちは何が不満なんだ」

監督が少しいらついて言う。

「田岡や松木は自分たちが一番うまいと思っているので、技術の拙い選手たちと一緒に練習することや、そういう選手が試合に出るのが面白くないようですね」

私への不満もあるだろうことは、あえて言わなかった。

監督はここまで、チームの選手たちには、みんなが野球を楽しんでほしいと、野球技術の優劣に関係なく、できるだけ平等に出場機会を与えてきた。

「そうか。田岡や松木ももっと大人になって野球に取り組めると、野球の技術もさらに上達するのにな」

「そうですね」

(あいつらには、無理だと思いますよ)

「でも、もうだんだんと都市対抗予選も近づいてきたからな。これからは、ある程度メンバーを固定して戦わないといけない。出られない選手へのフォローを頼むよ」

「はい。分かりました」

私は背筋を伸ばしてから、頭を下げた。

ここで注文していた食事がきたので、監督と私はしばらく食事に集中した。

食事を終えて、しばらく和定食屋のテレビに映っているスポーツニュースを見ていると、監督がおもむろに口を開いた。

「久保田君、今度の二十一日のオープン戦な、仕事で行けないんだ」

「はい」

「で、その試合の采配は久保田君に任せようと思う」

「えっ？ ちょ、ちょっと…」

飯岡みたいに言ってしまった。

「頼みますよ」

監督はさらりと念を押す。

「あのー、監督がいないときは、ヘッドに采配を任せるのが普通かと…」

「あー、徳山はな…、ブルペンも見ないといけないしな…」

監督は少し言いよどんだ。

「まあ、徳山には私から言っておくから」

「はい…」

（やばいことになったなあ）

二十一日、都内のクラブチームとのオープン戦。

会場は東京都内にある公営野球場だった。この野球場は高校野球西東京大会のメイン会場として使われているだけあり、ナイター設備も整え、観客は五千人を収容できる本格的な野球場である。

この日、監督から初采配を託された私は、朝からかなり緊張していた。前日には、ソフトボール部の練習が終わると、すぐ体育館に行き、大きな鏡の前で一人、攻撃サインを出す練習を繰り返した。監督がいない試合に采配を任されたということは、私がベンチ内か三塁コーチャーの位置から攻撃サインを出さなければならない。

ソフトボール部の試合では、極めて簡単なサインを使っていた。生徒たちは、私がいろいろと身体の部位を触るが、最後に触ったところを見ていればよかった。それも三か所だけ。帽子のツバは盗塁、手を触ったらヒットエンドラン、ベルトはバント、それだけだ。

この極めてシンプルな攻撃サインでも、飯岡は口をポカーンと開けて見ており、何度もサインミスを繰り返しては、私に怒られていた。

ＳＢＣフェニックスの攻撃サインは、元プロ野球選手だった監督が考えただけあって難しい。

サインもいくつかのパターンがあって、そのパターンが試合のたびに変更される。攻撃サインを出す方も右手や左手を巧みに動かしながら、サインを選手に伝えなければならない。途中で手の動きがぎこちなくなったり、止まってしまったら、相手に何か動きがあると、ばれてしまうかもしれない。

私は、体育館にある大きな鏡の前で、ひたすら攻撃サインを出す練習を繰り返した。

「バント、バスター、盗塁、ヒットエンドラン、ランエンドヒット…、難しいなあ…」

ブツブツ言いながら、練習を繰り返す。

夜、家に帰ってからは、先発メンバーを考えた。

一番・K、二番・E、三番・田岡（ん？）四番・松木（ん？ まあ、いいか）五番・T…。

先発ピッチャーは？ ヘッドに確認した方がいいかな…。

（まあ、明日でいいか）

などなど。

気がつくと、時計の針は深夜十二時を過ぎていた。

（やばい、もう寝ないとな）

試合はいきなり先発ピッチャーが四球やけん制悪送球などを重ね、相手に先制点を許してしまう。さらに相手にタイムリーヒットを打たれて、三回までに三点を献上してしまった。

やっと四回、味方にチャンスがきた。ノーアウトランナー一塁、カウント、ワンストライク、ツーボール。

「よし、ヒットエンドランだ」

私は素早く手を動かしてサインを出す。

（やばい！　間違えた！）

慌てて、サイン取り消しの胸を右手で触る。同時に冷や汗が頬に伝わる。

打者は、えっ？　何？　という顔で私を見続けている。私は仕方ないので両手を広げて、何もなかったかのように振る舞った。

「ストライク！」

審判が大きな声と同時に右手を高々と上げる。ど真ん中のストレートだ。

（あー、しっかり、ヒットエンドランのサインを出しておけばよかった…）

また、冷や汗がどっと出た。

その後、先発ピッチャーが打たれてしまい、そろそろ交代かなとヘッドを探した。ヘッドはベンチにいなかったので、三塁側ブルペンに目をやると、投球練習をしているピッチャーの後ろで、腕を組んで仁王立ちしていた。

先発ピッチャーがさらに打たれて、ノーアウト二塁のピンチ。もう交代だと思い、ブルペンにいるヘッドのところに行こうとしたそのとき、ヘッドがマウンドに向かって歩き出す。

(そうか、プロは先にピッチングコーチがマウンドに行き、ピッチャーの状態を確認するのだった。そして監督が出て、交代を告げるんだな。やはり、元プロだな)

さて、ピッチャーの交代を審判に告げようとベンチを二、三歩出ると、ヘッドがマウンドから審判に歩み寄っていった。

(おい、おい、ヘッド、何してんの)

「ピッチャー、交代、A」

ヘッドが審判に告げた。

(何でヘッドが言うんだよ。今日は監督から俺が任されてんだぞ)

私は、慌ててベンチに引き下がった。

そして試合も進み、一対四で七回の攻撃を迎えた。田岡が何やらヘッドに耳打ちしている。

「うん、そうだな。それがいい」

ヘッドの声。

おもむろにヘッドが立ち上がり、また審判の方に向かう。

(何やってんだ、あの人は)

「審判、代打W」

ヘッドは胸を張りながら、ベンチに戻ってきた。私には目もくれない。

くそ!　また勝手にやりやがって!

馬鹿にするな！

ヘッドは明らかに私を無視して、選手交代を告げた。九回にも同じように、ヘッドが勝手にピッチャーの交代と代打を決めた。

試合は一対五の敗戦だった。試合の負けよりも、ヘッドの私を完全に無視した振る舞いの方が悔しくて仕方なかった。

こんな人たちと野球をやっている意味があるのか。毎回、嫌な思いをするだけだ。

私は試合後、一人で駅までのけやき並木を歩いた。気分も最悪でうつむいたままだったので、けやきの美しさはまったく目に入らなかった。

もう辞めようか。

ボランティア活動なんだから、こんなに嫌な思いをしてまでやることはないだろう。今日もソフトボール部の練習は休みにした。生徒たちにも本当に申し訳ない。

夜、監督から電話があった。

「久保田君、今日はご苦労さま」

「いえ」

「杉田から聞いたけど、今日は徳山がかなり勝手なことをしたようだね」

「はい」

「嫌な思いをさせて、悪かったなあ」

「いえ」

「徳山も私が久保田君に采配を頼んだのが面白くなかったのかもしれないけど、監督の指示に従わないのは、まずいんだよ」

「久保田君も嫌な思いをしたと思うけど、何とか堪えてほしい。今日は本当に申し訳なかった」

「いえ、わざわざお電話ありがとうございました」

私の気持ちは落ち込んだままだった。

遅刻と初登板

三月二五日、ソフトボール部は新チームになって初めての練習試合を迎えた。私は先日のSBCフェニックスの試合での嫌な思いをなかなか払拭できずにいた。だが、その翌日からは今日の生徒たちの練習試合に向けて、何とか気持ちを立て直すように努めた。

今日は宅間の初登板の日でもあった。

相手は東京多摩地区にある社会人のソフトボールチーム「ミラクルズ」、監督は辻本潤さん。辻本さんは、多摩地区にある教会で牧師をしている。辻本さんが、二年程前にソフトボール部の生徒たちの活躍を紹介した新聞記事を読んだ後、すぐ私宛に手紙を送ってくれたのが縁で交流するようになった。その手紙には、私もミラクルズというチームをもっているので、ぜひ試合をしましょうとあり、辻本さんの携帯番号も書かれていた。私はすぐに辻本さんと連絡をとり、二年前の夏から定期的に練習試合をお願いしている。

辻本さんは三十代後半で身体は少し小太りだった。だが、その体型に似合わず、とてもキレのあるウインドミル投法で速球や変化球を投げ分けることができる。試合後には、先日卒業した佐久田などにも一生懸命にピッチングを教えてくれ、私はいつも感謝の気持ちを強くもっていた。

辻本さんはいつも「ミラクルズは、養護学校の生徒だからといって、試合では一切手抜きはしませんよ」と言ってくれた。

実際の試合では、辻本さんが力いっぱい投げるので、生徒たちはまったく打てない試合がほとんどだった。エースピッチャーの佐久田も相手打線にボコボコに打たれていた。それでも私は、以前相手をしてもらった松蔭高校のように、障がいがあるからといって、手加減することなく、同じソフトボールという土俵で、真剣勝負をしてくれることが本当に嬉しかった。

午前九時、公園内のグラウンドに着くと、すでに辻本さんはウォーミングアップを始めていた。私はすぐに駆け寄り挨拶をした。

「辻本さん、おはようございます。今日はよろしくお願いします」

「あっ、先生、お久しぶりです。こちらこそ、よろしくお願いします。遅れましたが、秋の六連覇、おめでとうございます。新聞記事で見ましたよ。佐久田君、成長しましたね」

「ありがとうございます。佐久田も辻本さんに教えてもらったおかげで、活躍できました」

「いえ、いえ、私なんか何のお役にも立ててませんよ」

「ところで辻本さん、今日は宅間が初めてピッチャーで投げるんです。試合が終わったら、またいろいろと教えてもらえませんか」

「えーと、宅間君…、あー、昨年はセカンド…、だったかな」

「そうです。すごく線の細い子なんですが、十二月末からウインドミルの練習を頑張っていて、今日の試合を迎えました」

「そうですか。それは楽しみですね。試合で投げているところも、よく見ておきますよ」

「ありがとうございます」

私は辻本さんに頭を下げた。


私が生徒たちの待つ三塁側ベンチに行くと、すぐに主将が駆け寄ってきた。

「先生、おはようございます。あの…」

「おはよう。どうした?」

「あの、飯岡がまだ来ていません」

主将は申し訳なさそうに、うつむき加減で言った。

「まだ来てないって、あいつの家、ここからすぐだろ」

「はい。飯岡、昨日はかなり気合が入っていたんですけど」

「気合が入っていた? 珍しいな」

「今日、彩香先生が応援に来るって言ってたから」

「あの馬鹿、興奮して熱が出たんじゃないのか。すぐ携帯で電話してみろよ」

「はい」

主将は小走りで自分の鞄のところに行き、携帯を出して電話した。

電話を終えると主将が戻ってきた。

「つながったか」

「はい。今の電話で起きたみたいです」

「何やってんだ、あいつは。すぐ来るように言ったか」

「はい。言いました。飯岡、もう九時か! って、びっくりしてました」

「びっくりは、こっちだよ」

私はあきれて、これ以上言葉が出ない。

「まあ、いいや。飯岡のことは忘れて、すぐにアップを始めてくれ」

「はい。分かりました」

主将は生徒たちを集めて、アップを開始した。

二十分経過した頃、グラウンドの外野ネットにそって、力いっぱい自転車のペダルをこいでいる角刈りが目に入った。試合用ユニフォームの上着はズボンから出たままなので、風で上着がマントのようになり、だらしない。よく見ると、ストッキングもはいてないので、すねがもろに出ていた。

飯岡はレフトポールの後ろに自転車を置くと、鍵もかけずに私のところに走ってくる。手ぶらだった。

「せ、せ、先生、あ、あ、彩香先生は？」

げんこつ！

「げっ、いてー」

「おまえは、国宝級の馬鹿だな」

「こ、こ、こくほう…、って、な、な、なんだよ」

飯岡はまだ呼吸が整っていない。

「日本一の馬鹿って言うことだ」

言いながら、私は少し笑ってしまった。

「だ、だ、だってよう、今日な、彩香先生が来るっていうから、昨日の夜、ダチと遊んだ後に、家でバット振ったんだよ。す、す」

「素振り」

「そう、そう、それ」

「で、何時から振ったんだ」

「家に帰ったのが十二時頃だったから、それから振ったんだよ」

「寝たのは、何時だ」

「それから風呂入ってさ、寝たの二時ぐれーかな」

「おまえなあ、二時に寝てたら、朝早く、起きられねーだろ」

「でも、俺、す、す」

「素振り」

「そう、それ、したんだよ。えらいだろ」

飯岡はようやくいつもの調子が戻ってきた。

「もう、時間がないから、早く試合の準備をしろ。おまえ、グローブとかスパイクはどうした」

「やベー、家に置いてきちまった」

「おまえは、本当に救いようがない…、馬鹿だな」

もう笑うしかなかった。


試合が始まった。

一回表、生徒は、一番、三振、二番、三振、三番、ピッチャーゴロで三者凡退。

一回裏、いよいよ宅間が投げる。宅間の投球練習中、すねを出したままでサードを守る飯岡がなぜかキョロキョロしていた。飯岡は三塁側ベンチにいる私の目の前だ。

「おい」

「ん?」

飯岡は一瞬だけ私を見た。

「おまえ、どこ見てんだ」

「彩香先生まだか。探してんだけど、いねーんだよ」

「馬鹿か、おまえは。これから、宅間が初めて投げるんだから試合に集中しろ。この馬鹿!」

「先生、俺のこと、馬鹿って言うなって…」

「おまえなあ」とさらに飯岡に言おうとしたところで、宅間の投球練習が終わった。

「プレイ」

審判が右手を上げて、大きな声を出す。

宅間は、緊張しているはずなのに、表情にはあまり変化が見られない。

(とにかく一球目、ストライクが入ってくれ)

私は祈る気持ちで宅間を見た。

宅間が右手に持ったボールを胸の前でグローブの中に入れ、キャッチャーを見た。

フーと大きな息を吐いてから、投球動作に移った。

(頼む、入ってくれ…)

宅間はボールを持った右手を大きく回すと同時に、左足をキャッチャーの方向にステップする。

（いいぞ、フォームは安定しているぞ）

宅間の右ひじが右腰骨にしっかり当たった音がして、ボールはキャッチャーミットへ一直線にいった。

「ストライク！」

審判が大きな声で叫ぶ。

「よっしゃー」

私は思わず右手でガッツポーズをしていた。

「宅間、ナイスボール！」

「宅間先輩、ナイスボール！」

生徒たちが、みんなで大きな声を出した。

続いて二球目、またストライクゾーンに入ってきた。

カーン。

鋭い金属音とともに、打球は左中間の一番深い所のネットに突き刺さる。慌ててレフトとセンターがボールを捕りに行くが、カットマンへの送球も逸れてしまい、三塁打となってしまった。

ノーアウト三塁。次打者は辻本さんだ。

その初球。

カーン。

鋭い打球が宅間の頭上を襲い、センターに抜けていった。

はやばやと先制点を許す。

その後もミラクルズ打線の猛攻は止まらず、一回裏に八点も取られてしまった。

やっと、ミラクルズの攻撃が終わり、戻ってきた宅間を見た。宅間は一人ベンチに座り、ぼう然とマウンド付近を見つめていた。

私はそんな宅間に、声をかけることができなかった。

二回表、四番、三振、五番、三振、そして飯岡に回ってきた。

ふと見ると、ネット裏に彩香先生の姿があった。打席に向かう飯岡のすぐそばにいる。

頼む、飯岡が彩香先生に気づかないでくれ。

「あ、あ、彩香先生」

駄目だった…。

「飯岡君、頑張ってね。ファイト」

彩香先生は満面の笑顔だ。

「よっしゃー、ホームランだぜ！」

（すね毛を出してる男が何を言ってんだ）

ズドーン。

「ストライク！」

「ちょ、ちょ、タンマ、タンマ、ピッチャー、球、速いよ」

飯岡が辻本さんに向かって言う。

「馬鹿か！　おまえは！　しっかり打て！」

私の怒声が響く。

辻本さんも苦笑いだ。

二球目

「ストライク！」

「ちょ、ちょ、タンマ、タンマ、今の球、曲がったし、汚ねーよ、ピッチャー」

もうあきれてしまい、言葉も出ない。

キャッチャーの選手は、ピッチャーにボールを返す前に、右手に持ったボールで飯岡の頭を軽く叩いて、爆笑していた。

三球目、辻本さんが思いっきり投げた剛速球が、キャッチャーミットに突き刺さった。飯岡はまったく手が出ず、三球三振だった。

「飯岡君、次の打席で、頑張ってね」

彩香先生のやさしい励ましが、何だか申し訳ない。

その後も宅間は打たれ続けて、結局二十三点も取られてしまった。生徒たちは、辻本さん相手に一点も取ることができずに、○対二十三の大敗となった。

飯岡は三打席連続、三球三振だった。

試合後、辻本さんが宅間にアドバイスをしてくれた。宅間も真剣に辻本さんの話を聞いて、何度もピッチングフォームの確認をしていた。

「宅間君、いいピッチャーになりますよ。今日は打たれても顔色ひとつ変えずに投げてましたし、結局、四球○でしょ。コントロールがいいのは最大の武器になりますよ。また宅間君が成長するのを楽しみにしています」

私は辻本さんの言葉をそのまま宅間に伝えた。

宅間は小声で「はい」と言い、うなずくだけだった。

決断

ソフトボールの試合後に携帯を確認すると、杉田から着信があった。私はすぐに折り返した。

「久保田コーチ、お忙しいところ、すみません」

「こちらこそ、電話をもらったみたいで。今日はソフトボール部の試合があって、さっき試合が終わったところです」

「そうですか。今日はチームの練習がなかったのに、コーチも大変ですね」

この日は土曜日だったが、ＳＢＣフェニックスの練習は休みだった。都市対抗予選も近づいていたので、練習やオープン戦を組みたいところだったが、練習用のグラウンドを確保できず、オープン戦も組めないという日だった。その辺のやりくりは、いつも監督が先頭に立ってやっていた。監督は月末が近づくと、翌月の土日の予定を入れるために、野球部のある高校にグラウンド借用のお願いをし、大学野球部や他のクラブチームの監督に電話して、オープン戦の調整をしていた。企業チームであれば、オープン戦の調整などはすべて渉外担当のマネージャーが行い、監督が動くことはまずない。ＳＢＣフェニックスにもスタッフはいたが、月曜から金曜は自分の仕事に忙殺されているため、チームの渉外事で動くには限界があった。監督は先月末から、どうしてもこの土曜日が埋まらないと、ぼやいていた。

練習グラウンドが確保できず、オープン戦も組めないと、チームは休みということになってしまう。

私はもともと、この日はミラクルズとの練習試合を入れていたので、不参加を伝えていたが、先週の試合ですごく嫌な思いをしたので、野球の方にはなかなか気持ちが前に向かなかった。

杉田との電話は続く。

「今日、監督がヘッドを呼び出したみたいですよ」

「ふーん。それがどうしたの」

「昨日の夜、打ち合わせで監督に会ったのですが、帰り際に、明日、徳山と話をするからと言っていました。その時の監督が何か変で…」

「どうだったの」

「いつもでしたら監督、ご苦労さまって言いながら、笑顔で帰るじゃないですか」

「うん、そうだね」

「昨日は、笑顔もなく、じゃあ、と言ったまま、すぐタクシーに乗ったんですよ」

「何か、気分悪かったんじゃないの」

「いえ、そんな風には見えなかったんですよ。打ち合わせのときも、何か心ここにあらずの感じで」

「へー、珍しいね。プロ野球も開幕するし、監督も仕事とチームのことで大変なんだよ。かなり疲れているんじゃないかな」

「そうですかね…」

「それで、明日の試合、何時集合だっけ」

「はい。S大学の野球場に八時です」

「えー、八時？ 早くないか」

「はい。今日、練習もオープン戦も組めなかったので、急きょ、監督が先方に連絡してダブルヘッダーになりました」

「まじか…」

「はい。まじです」

杉田から笑い声が聞こえた。

(明日は何か気が重いなあ。雨、降らないかな…)

ふと、公園から西の空を眺めると、真っ赤な夕焼けがとても綺麗だった。

「晴れか…」


夜の九時、私は明日のオープン戦に備えて、ユニフォームなどの準備をしていた。

明日は朝早いので、今のうちに電車の時間を調べなければと思い、携帯を取るといきなり着信があった。監督からだ。

「はい。監督、お疲れさまです」

「あー、久保田君、遅い時間に申し訳ない」

監督の声がいつもより静かだ。

「いえ、大丈夫です」

「今日、徳山と会ってね」

(杉田の言った通りだ)

「はい」

「辞めてもらうことにした」

「…ヘッド、辞めるんですか」

「辞めてもらう。先週の件も含めて、私の指示も聞かないし、選手たちとの関わりも、けじめがなくなってきている。チームにとっていい影響がないと思い、決断した」

「…」

「久保田君、聞こえてるかな」

「はい」

「ということです。明日から選手たちには、いろいろと波紋を呼ぶかもしれないが、チームがもっとよくなるためには、仕方がない。久保田君にもまた迷惑かけるけど、引き続き、よろしく頼みます」

「はい」

私は気持ちが動転して、まったく整理ができなかった。

「久保田君、遅い時間に悪かった。では、また明日」

私は、はっとして、我に返った。

「監督」

「ん？」

「いえ…」

「どうした」

「…、ありがとうございます」

その夜は、なかなか寝つけなかった。


次の日、朝五時に起きて部屋の窓を開けると、ひんやりとした空気とともに、とても清らかな風が部屋の中に入ってきた。

よし、やるぞ！

私は昨晩なかなか寝つけず、かなり睡眠不足であったが、今日は朝から気持ちが高揚して、急にテンションが高まっていた。

七時三十分、自宅最寄り駅から電車を二回乗り換えて、S大学に近い駅で下車した。駅を降りると、空は雲一つない快晴だった。

私は、真っ青な空に向かって「わおー」と大きな声を出したい気分だったが、さすがに我慢した。

S大学の野球場は、神奈川県のかなり西の方にある。野球部はそれ程の強豪チームではなかったが、監督が元プロ野球選手ということもあり、監督同士のつながりで、よくオープン戦を組んでいた。

野球場そばのバス停で降り、しばらく歩いていると、野球場前の駐車場に五、六人の選手たちがあぐらをかいて座っていた。その中心には、タバコを吸いながら、面白くなさそうな顔をしている田岡が見えた。私はその選手たちの前を通り挨拶した。

「おはよう」

選手たちは完全無視だ。

田岡の横にいた松木は、タバコを吸いながら、私をにらんできた。

八時、時間を確認して、私は選手たちに声をかけた。

「集合」

すぐに走ってきた選手たちが、監督の前で輪を作る。田岡たちは、ゆっくり歩きながら進んでくる。

すると村松が大声で叫んだ。

「おい！　おまえら早く来いよ！　もう集合かかってんだぞ！」

田岡たちはしぶしぶ、走り出した。

監督は、選手たちが集まったのを確認して、話し始めた。

「みんな、おはよう。朝から急な話で申し訳ないが、徳山ヘッドコーチには昨日付けで退団してもらった。彼の退団を決めたのは、もちろん私です。何か言いたいことがある者は私に言ってください。以上」

選手たちが少しざわついた。その表情を見ると、ヘッドの退団を知っている選手と、そうではない選手は半々のようだった。もちろん田岡たちは知っていた。今も、さっきまで田岡を中心にたむろしていた選手たちは、納得いかない表情のままだ。

集合が解かれ、選手たちはアップに備えて外野に走り出した。私もその選手たちについて、一緒に外野まで走った。

外野に着くと、すぐに村松が私に近づいて来た。

「コーチ、あそこ、見てください」

村松は三塁側のベンチを指した。

私がそこを見ると、田岡が監督の前で何か言っている。

「村松、俺も監督のところに行った方がいいかな」

「いえ、まずは監督に任せた方がいいですよ。田岡はたぶん、徳山さんのことを言っているんだと思いますけど」

「そうか。分かった」

私は選手のアップを見ながらも、監督と田岡のことが気になって仕方がなかった。

田岡は十分ぐらいすると外野に走って来た。そしてそのまま外野フェンスに沿って、一人で走り出す。監督はベンチに戻るところだった。

私は、しばらくアップの様子を見てから、歩いて三塁側ベンチに向かった。

ベンチに着くと、座っている監督の横に立ち、すぐに聞く。

「監督、田岡は何か言ってきましたか」

「あー、何で徳山を辞めさせたんだって、理由を聞かせてくれって」

「そうですか」

「俺は、チームの仲間に説明する責任がありますからとも、言ってたよ」

「相変わらずですね」

「クラブはプロの世界ではないけれど、やるからには厳しい面ももたないとな。馴れ合い集団になったら駄目なんだよ」

「はい」

私は姿勢を正し、監督を見続けた。


試合が始まった。

二回表、ＳＢＣフェニックスの攻撃、ツーアウトだが、ランナー二塁、先制点のチャンスだ。

二塁ランナーは笹川健次、打者は五番の村松。村松はツーストライクと追い込まれながらも、ピッチャーの勝負球を三遊間に強いゴロで抜けるレフト前ヒットを放つ。

二塁ランナーの笹川はツーアウトなので、打者が打った瞬間にスタートを切っている。三塁コーチャーボックスにいた私は、これはホームまで行かせるぞと、思いっきり右腕を回し、ゴーの合図をする。しかし、あらかじめバックホームに備えて、前進守備をしていたレフトの選手の打球処理が素早く、私は笹川が三塁を回ったところで瞬時に両手を広げて叫んだ。

「ストップ！　ストップ！」

慌てた笹川は急には止まることができず、その場でスライディングをする形になり、急いで身体の向きを変えると、三塁ベースにヘッドスライディングをして、右手でベースに触れた。レフトからバックホームされたボールをキャッチャーが慌てて三塁手に送球したが、わずかにタッチが遅れて、セーフになった。

笹川は息苦しいまま、ユニフォームの胸についた土を手で払いながら言った。

「ちぇっ、何、急に止めてんだよ。今のホームだろ。野球、知ってるのか」

笹川はわざと私に聞こえるように言った。私は急に頭に血が上り、冷静さを欠いてしまった。

「おい、笹川、今、何て言った。もう一回、言ってみろ」

「う、うるせーよ」

笹川はまだ呼吸が整っていない。

「おい、おまえ、いい気になるなよ」

私は笹川に向かっていく。

ただならぬ雰囲気に相手の三塁手が私と笹川の間に入って、私の胸の辺りを両手で抑えた。三塁手の困った顔を見て、私は少し冷静になれた。

「申し訳ない」

私は相手の三塁手に小声で言った。

笹川は何食わぬ顔をして、平然と三塁ベース上に立っている。

（こいつ、ふざけんなよ）

四回表、ワンアウト一塁で、三番の田岡に打順が回ってきた。得点は〇対〇。カウント、ツーボールからの三球目、真ん中高めに甘く入ったストレートを田岡のバットが捉えた。

カーン。

打球はセンターの頭上を軽々と越えた。

ズドーン。

田岡の打球はセンターバックスクリーンの上段にぶち当たった。

「すげー、まじか…」

先ほど仲裁に入ってくれた三塁手が呟いた。

ホームランを打った田岡は悠然と二塁ベースを回り、三塁ベースに近づいてくる。私は田岡と歓迎のタッチをすべく、右手を差し出しながら声をかけた。

「ナイスバッティング」

田岡は返事もせず、私の差し出した右手には目もくれず、そのままホームベースに向かって走って行く。そして、ホームベース手前でジャンプすると、そのまま両足でホームベースに着地した。

「よっしゃー」

右手を上げてガッツポーズをしたかと思うと、すぐに人差し指を突き出し、バックネット裏の観客席に合図した。田岡が合図した先には一人の女が座っていて、手を叩きながら騒いでいた。

（いい加減にしろ！）

試合は終盤の八回裏に入った。得点は二対一でＳＢＣフェニックスがリードしている。このまま逃げ切ればひさびさの勝利だ。

相手の攻撃はワンアウト三塁、ワンボールの後、スクイズプレイに出た。相手打者のスクイズバントも決まり、同点かと思われたそのとき。

「バッターアウト！」

審判の右手が高々と上がる。

スクイズバントをうまく決めたと思った打者は、突然の判定に驚いて、審判に聞いた。

「な、何で、アウトなんですか」

「バントした時に君の足がバッターボックスから出ていたんだよ。これはルール上反則打球になるから、打者はアウトだよ」

「えー、僕の足、出てましたか」

そこで急に、捕手をしていた松木が出てきた。松木は主にレフトを守っていたが、万が一正捕手が怪我をしてしまったときに、捕手がいなくなると困るので、今日は七回から正捕手に変わって守備についていた。

「あんたね。ここに足が出てたんだよ。ほら、足跡が見えるでしょ」

松木は軽い調子で言う。

その時。

「松木！」

三塁側ベンチから監督の怒声が飛んだ。

「おまえは、協議の中に入るな！ 当事者ではないんだぞ！」

松木は驚いて監督を見る。しかし、すぐにあろうことか、監督をにらんだ。

結局、打者の抗議は受け入れられず、打者は判定通りアウトになった。試合はツーアウト三塁から再開された。

審判が新しいボールを松木に渡す。

「えっ！」

ベンチにいた私は驚いて、思わず声をあげてしまった。

松木はなんと、審判から受け取ったボールを下投げで、ピッチャーとはまったく関係のない方向に転がした。その光景を見た一塁手の村松が慌ててボールを拾いに行き、拾ったボールをゆっくり両手でこねて、ピッチャーに一声かけてから渡した。

松木は監督に怒られて面白くないからと、とんでもない行為に出た。

私はすぐに監督が松木をベンチに下げると思ったが、試合はそのまま続行された。

試合後のミーティングで、私はベンチ前に立ち、ベンチ内で他の選手と一緒に座っている松木を見て、問いただした。

「松木、八回のあの行為は何だ。説明してくれ」

「はあ、何のことすっか」

「松木が監督に怒られた後、ふて腐れて、ボールを関係のない方向に投げただろ」

「あー、あれっすか。俺はね。スクイズのときにバッターの足が出たのを見ていたんで、バッターに教えてやったんすよ。それの何が悪いんすか」

「監督が注意したのは、あの場面は抗議した打者と抗議を受けた審判が当事者で、松木はその協議に関係ないから入るなと言ったんだよ。そんなの当たり前じゃないか」

「はあ? よく分かんないすね。俺はね、バッターがよく分かってないから、教えてやったんすよ。何が悪いんすか」

「あと、問題はその後に、ボールを関係のない方向に投げただろ」

「そうすかね」

松木は平然と言う。

「投げただろ！」

私は松木を見下ろしながら怒鳴った。

「コーチね。何で怒鳴られんすかね。俺は」

「松木な、おまえ、社会人野球やってんだろ。恥ずかしくないのか！」

私の我慢も限界に達した。

「はあ？　じゃあ、コーチは社会人野球やってますって、自信もって言えるんすか。コーチは、どんだけ野球の経験があるんすか」

私がさらに松木に向けて怒鳴ろうとしたそのときだった。

私の少し後ろにいた監督が私の前に出てきた。

「おい！　松木！　いい加減にしろ！　よく聞け、久保田コーチは俺の右腕なんだ。だから久保田コーチの言った言葉は、俺が言ったのと同じなんだ！　松木！　そんな態度をする者はＳＢＣフェニックスから去れ！」

監督の激高した声がグラウンドに響いた。

監督の怒鳴り声を聞いた松木はしばらくぼう然としていたが、我に返ると、おもむろに立ち上がり、一人ベンチから出て行った。田岡が慌てて松木のもとに駆け寄ろうとするが「田岡、やめろ！」とすかさず村松が制した。

そのまま松木は荷物をまとめて、自分の車に乗り、走り去った。

その後、松木がＳＢＣフェニックスに戻ってくることはなかった。

私は野球場からの帰り、今朝、田岡たちがたむろしていた駐車場を通り、バス停に着くと時刻表を確認した。

「あと、十五分後か」

立って待つのも疲れるので、近くの自動販売機が置いてある場所に簡易ベンチを見つけ、そこに座り「ふー」と大きな息を吐く。

(今日も疲れたなあ)

自動販売機で買った缶コーヒーを飲みながら、ふと、西の空に視線を向けると、今日も昨日と同じような真っ赤な夕焼けがとても綺麗だった。

私は何も考えることなく、しばらく、その夕焼けを見続けた。

「明日も、晴れか…」

私の目に映る真っ赤な夕焼けが、にじんで見えた。

第二章　希　望

不　安

翌日の月曜日から、生徒は春休みになった。春休みとは言っても、教師は朝から普通に出勤しなければならない。今朝、私は珍しく寝坊してしまい、職員室に滑り込んだのは、打ち合わせの始まる五分前だった。

「久保田先生、おはようございます。先生、ギリギリに来るなんて、珍しいですね」

彩香先生がとびきりの笑顔で迎えてくれた。

「昨日は野球の試合があって、神奈川のS大学まで行ってました。帰りも遅かったんで、ついつい寝坊してしまいました」

「そうなんですか。久保田先生もソフトボールと野球で大変ですね。それより、先生、目が真っ赤ですよ。どうしましたか」

彩香先生が私に顔を近づけてくる。

（おっと…）

「あっ、いやいや、何でもないですよ。昨日も晴れたから、目焼けしたかな。それより、彩香先生、土曜日は応援に来てくれて、ありがとうございました」

私は座ったまま、頭を下げた。

「いえいえ、私もスポーツ見るの大好きなんで。みんな頑張ってましたね。でも、宅間君、あんなに打たれてしまって、大丈夫かしら、何か心配です」

私が言葉を返そうとしたところで「先生方、おはようございます。打ち合わせを始めます」と教頭のだみ声が聞こえてきたので、彩香先生とは、これ以上話すことができなくなってしまった。


午後五時三十分、ソフトボール部の一日練習が終わった。

今日はかなり疲れたので、すぐに帰ろうと支度を整えていた。

すると、職員室に主将が飛び込んできた。

（嫌な予感だ）

「く、く、久保田先生」

大きな声で私を呼ぶ。

「どうした」

「宅間が…、倒れてます」

「えー、宅間？　倒れた？」

「はい」

「写真か？」

「はい」

「飯岡か」

「いいえ、飯岡は今日、休みです」

「そうだった。じゃあ、誰だ」

「Yです」

三年生だった。

私は急いで主将と一緒に一階ホールに降りた。見ると、宅間はすでに硬直したまま倒れていた。そのすぐそばでYが泣きそうな顔をして、立っていた。

「おまえか」

「はい」

Yは素直に認めた。

Yから話を聞き取ると、昨日母親から新しい携帯を買ってもらい、嬉しくなってカシャ、カシャと撮っていたようだ。飯岡のように特に宅間を狙ったのではなく、いろいろな生徒を適当に撮っているうちに、宅間も撮影してしまったらしい。Yもここのところ宅間が倒れていないので、あまり気にしていなかったようだ。ただし、学校の決まりで、生徒は校内で携帯の使用は禁止になっているので、Yにはその場できつく注意して帰宅させた。

生徒たちが帰った後、しばらく硬直した宅間の様子を見ていると、彩香先生が近づいてきた。

「久保田先生、お疲れさまでした」

彩香先生は私服に着替えており、帰るところだった。

「あっ、先生、お疲れさま」

「宅間君、倒れちゃったんですね」

「えー、Yが携帯で撮って…」

私は宅間に会話が聞こえないようにと、彩香先生を宅間から少し離れたところに誘導した。宅間は倒れて硬直しているときも、周囲の会話を聞いており、自分のことを話しているのが分かると、ますます回復が遅くなってしまう。

「私はてっきり飯岡だと思ったんですけど」

「飯岡君、今日、練習休みましたよね。先週の修了式の日も、担任に欠席連絡がなくて、担任が慌てて連絡してましたよ」

「そうなんだ。あいつ、無断欠席か…」

「結局、家で寝てたらしいですけど」

「しょうがないですね。今日もですよ、飯岡は」

「でも、宅間君、最近倒れてなかったので、もう、大丈夫かと思ったんですけど」

「そうですね。土曜日の試合でかなり打たれたんで、ヘコんだのかもしれませんね」

「宅間君、かなり繊細だから、どこまで頑張らせていいのか、難しいですよね」

「うん。そうなんだけどね…」

私は、佐久田はここを乗り越えて、エースになりましたよ。という言葉を飲み込んだ。

彩香先生がちらっとホールにある時計を見たので「先生、お帰りのところ、すみませんでした」と私は会話を打ち切った。

「では、先生、申し訳ありませんが、私はこれで失礼します」

彩香先生は急いで靴に履き替えて、小走りで校門を出て行った。

私は二階の職員室に上がり、宅間の回復を待つことにした。今日はもうパソコンに向かう気もなかったので、椅子に少し斜めに腰かけて、足を伸ばし、リラックスすることにした。

すると突然、一階から大きな悲鳴が聞こえた。

私は何事かと思い、身体を一気に起こし、一階まで走った。

「あっ、せ、せ、先生。せ、せ、生徒が倒れています」

「あー、なんだ」

「な、な、なんだって。きゅ、きゅ、救急車呼ばないと」

私は帰ろうとした女性教師に事情を説明して、心配させたことを詫びた。もう時計の針は六時三十分を指しており、一階ホールの照明も落とされた中で、宅間が倒れているところに遭遇したら、それはびっくりするだろう。

私は宅間の前に校内案内用のホワイトボードを置き、こう記した。

『この生徒は病気とか怪我ではありません。個人の事情でこうなっているだけです。ご心配なく。ソフトボール部・久保田』

八時三〇分に宅間は復活した。先程、女性教師の悲鳴を聞いたりしたので、復活までにだいぶ時間がかかってしまった。

宅間が職員室に入り、彩香先生の椅子に座った。宅間の家庭には、倒れたので帰宅が遅くなることはすでに伝えてあった。

「どうだ。もう大丈夫か」

「はい」

宅間は小声で返事をした。

「倒れたの久しぶりだったな。十二月の冬休み練習のとき以来かな」

「…」

宅間は私を見つめたままだ。

「そこ、彩香先生の椅子だよ」

「…」

まだ私を見ている。やはり飯岡のようにはいかない。

「あっ、そうだ、宅間。腹減ったろ。ポテチあるぞ。食べるか」

「いらないです」

「…そうか。で、やっぱり土曜日の試合でうまくいかなかったこと、ショックだったか」

「…」

「でもな。最初からうまくいくことは、ないんだぞ」

「…」

「佐久田だってな」

「知ってます」

「そうだよな。宅間はあのとき、セカンドを守ってたよな」

「はい」

「佐久田も最初に投げた試合は酷い目にあっただろ」

「二十九対〇」

「そうだったか。宅間、よく覚えているな。宅間の方が失点は少なかったな」

「十点以内に抑えたかった」

宅間の目が少し大きくなった。

「そうか。それは自分で考えていたのか」

「はい」

「その目標が達成できなくてヘコんだ？」

「…」

宅間は下を向く。

「言い直すよ。悔しかった？」

「はい」

宅間は私の目を見て言った。

「そうか。悔しかったか」

私は少し大きな声で言った。

「はい」

「じゃあ、宅間、悔しかった分、これからどうする？」

「たくさん練習する」

宅間の声が少しずつ大きくなってきた。

「どんな練習をするか」

「ウエイト」

「バーベルとか?」

「はい。身体、鍛えないと、速い球が投げられない。あと…」

「あと、何だ」

「変化球」

宅間は私を見続けている。

「変化球か」

「はい。辻本さんに教えてもらいました」

「そうか。何を教わった」

「チェンジアップ」

「そうか。投げられそうか」

「まだ、分からない」

「でも、変化球は難しいぞ。佐久田も上手くできなかったしな」

「バッターのタイミングを外す」

「そうだな。チェンジアップはそういうボールだ」

「はい」

「じゃあ、先生も変化球の投げ方が書いてある本を買って、宅間に見せてあげるよ」

「もう買った」

「いつ？」

「昨日」

「そうか。早いな。じゃあ、もうボール持って握り方とか、練習してんのか」

「はい」

「そうか。宅間、次の目標は身体を鍛えて、ストレートのスピードアップとチェンジアップの習得だな。また頑張れよ！」

私は嬉しくなって、思わず大きな声を出してしまった。

「はい」

宅間は私の喜びに関係なく、冷静に返事をした。

ふと時計を見ると、もう九時三十分を過ぎていた。

「宅間、やばいぞ。もうこんな時間だ。帰ろう。宅間、学校出るときに、自分で母ちゃんに電話してくれよ。頼むな」

「はい」

宅間は少し笑顔を見せて、職員室を出て行く。

私が薄明りに照らされた校門付近を見ていると、鞄を肩に掛けて、軽やかに走って帰る宅間が見えた。

早くも、トレーニングを開始したような走りだった。

心 配

四月下旬の放課後、私は職員室を出て、ソフトボール部の練習のため校庭に向かうところだった。

「久保田先生」

急に背後から呼ばれたので、振り返ると、飯岡の担任が立っていた。飯岡の担任は三十代半ばの男性教師で、いつも物静かであり、生徒へも優しく接するタイプだった。たぶん、ふざけてばかりいて、悪さを繰り返す飯岡の指導は、入学時からここまで苦労の連続だったと思う。

「久保田先生、部活に行くところ、大変申し訳ありません。ちょっとお時間いただいて、よろしいでしょうか」

いつも通り、丁寧な話し方だ。

「はい。どうしましたか」

「飯岡君のことで、ご相談したいことがありまして」

「そうですか。では、私の教室で少し待っていてください。校庭にいる生徒に指示を出してきますので」

「申し訳ありません」

担任は頭を下げた。

私はすぐ校庭に行き、主将にアップからキャッチボールまでは、自分たちでやっておくように指示した。私が養護学校でソフトボールを指導し始めた頃は、練習の最初から最後まで、生徒たちを見守らなければならなかった。それは、技術的にまだまだ未熟な生徒が多く、キャッチボールでもボールを捕り損ねて、怪我をしてしまうことがあったからだ。

当時に比べて、今、教えている生徒たちは、技術の上達とともに、自分たちだけでできることが増えてきた。

私は校庭から自分の教室に行き、担任と向き合った。

「久保田先生、本当にお忙しいところ、申し訳ありません」

「いえ、大丈夫です。飯岡のことですか」

「はい。ご相談したかったのは、飯岡君、ここのところ何か変で」

「あいつ、いつも変ですよ」

「…」

担任は私を見つめたままだ。

（つい、いつもの調子で言ってしまった…）

「すみません。で、飯岡がどうしましたか」

「はい。2年生になってから、欠席する日が多く、学校に来ても、授業中はほとんど寝ています。私が起きるように促しても、まったく反応しません」

「あいつ、無視ですか」

「いいえ、無視というか、熟睡しているみたいです」

「そういうときは、げんこつでもすれば、一発で目を覚ましますよ。あいつは」

「いや、先生、そういう指導は、ちょっと…」

（しまった。また余計なことを言った）

「そうですよね。すみません」

「それで、先生にお伺いしたかったのは、部活の様子はどうなのかなと、思いまして」

飯岡は、三月のミラクルズの練習試合のときに、寝坊で遅刻してから、春休みの練習も欠席が多くなっていた。練習を欠席した日は、ほとんど連絡が入らなかったので、私から飯岡の自宅か携帯に何度も電話をかけていた。やっと電話がつながったかと思えば、飯岡はとても眠そうな声で、生返事を繰り返すばかりだった。

私もそんな飯岡を心配して、夜に再度飯岡の自宅に電話をかけて、父親か母親に様子を聞きたかったが、まったく連絡がつかない状態だった。飯岡がやっと練習に出てきたかと思い、様子を見ていると、いつもの元気さがなく、練習後の携帯を使ったいたずらなども、ほとんどやらなくなっていた。

　帰り際に飯岡と少し話そうかと思ったが、終わりの挨拶をすると、すぐに帰ってしまった。何か教師や他の生徒たちと接触するのを、嫌がっているような感じすらした。

　だが、一年生のときの飯岡も、学校を休み、ソフトボール部の練習をさぼって帰ってしまうことがあった。そのときは、家や学校にいるよりも、中学時代のダチと遊んでいる方が楽しいと、街中をうろつき、ゲームセンターなどで時間をつぶしていた。

　私は飯岡の場合、家で親に構ってもらえず、つまらないことが多いと、どうしても楽しい方に気持ちが流れてしまうのは、仕方のない面もあるのかなと思った。このような生徒をすべて他の生徒と同じようにやらせるのは、少し難しい。教師の側も、いい意味で心に余裕をもって指導に当たる必要のある生徒だと思っていた。

　事実、一年生のときは、しばらくすると毎日学校に来るようになり、練習にも参加して楽しく活動していた。今回も担任の心配はよく分かったが、私はまたそのうちに、いつもの調子に戻るだろうと考えていた。

　そうしたら、また職員室でコーラを飲みながら、ポテトチップスでも食べて、あいつの話でも聞いてやろうか…。

惨敗

五月二十日、ＳＢＣフェニックスはチームとしての大きな大会である都市対抗千葉県予選の日を迎えた。

この日は土曜日だったが、さすがに野球に行かなければならず、ソフトボール部の練習は休みにした。飯岡の件をはじめ生徒のことは気がかりだったが、今日は開き直って、とにかく野球の試合に集中することだけを考えるようにした。

都市対抗野球大会は一九二七（昭和二）年に始まった大変歴史のある大会だ。この大会は日本の各都市を代表するチームを競わせる大会で、「都市名・チーム名」という独特の表記で大会に参加する。

私は先日のオープン戦で一波乱あったので、チームはさらに悪い方向に向かうかと心配していた。だが、とりあえず目先に都市対抗予選が迫っていたこともあり、選手たちからは目立った不満の声や行動はなく、野球に集中している姿が見られた。

クラブチームの選手は、都市対抗予選で活躍することによって、プロ野球のスカウトに注目されるかもしれない。また対戦した企業チームからオファーがあり、次のステップへ進めるという期待感もあった。

チームは、まず千葉県のクラブのみで戦う一次予選に出場する。そこで一位と二位のチームが二次予選に進出できる。二次予選では企業チームと戦う。その二次予選で三位以内に入ると、南関東大会に進出できる。南関東大会は、千葉県の企業チームはもちろんのこと、埼玉県の企業チームも待ち構えている。南関東は大手企業ばかりなので、その大会をクラブチームが突破して、都市対抗本大会に出場するのは、かなり厳しいと思われていた。


ＳＢＣフェニックスは、都市対抗予選に初めて出場する。とりあえず、それなりに力のある選手はいるので、クラブのみの一次予選は突破し、二次予選に出て、企業チームに胸を借りるところまではいけるかな、という空気はあった。

会場は千葉市内の野球場。その所在地から県営天山球場という通称でも呼ばれていた。グラウンドは内野が土、外野は天然芝、両翼九十二ｍ、中堅百二十ｍ、観客は二万七千人入る。その観客席のほとんどが内野席であり、グラウンドから内野席を見ると、その大きさに圧倒された。

試合前、私は監督と並んで一塁側のベンチに座った。

「私も今まで野球で多くの経験をしてきたが、一発勝負の都市対抗予選は、やはり緊張感が違うな」

「はい」

私はグラウンドを見つめながら返事をした。

十二時三十分、初戦が始まった。

相手は千葉ビクトリーズというクラブチームだ。前日までに監督が相手の情報を入れてくれた。その情報をまとめると、いつも通りの力を出せば勝利ということだった。

私もそうなるだろうと思っていた。

カーン。

初回にエースピッチャーがいきなり長打を打たれた。

カーン。

また打たれた。

慌てて監督が審判にタイムをかけて、ピッチャーのところに向かう。

「いかんな。かなり動揺してるな」

監督はベンチに戻るなり、私に言った。

相手に三点先制されたが、やっとツーアウトになった。だがランナーは満塁だ。ここでピッチャーが踏ん張れば、まだ味方にチャンスはある。

「あっ」

私は思わず声を出してしまった。

四球だ。押し出し。

次のバッターにも打たれて、初回に七点も献上してしまった。

その後も相手打線の猛攻は止まらず、ピッチャーが投げては打たれ、四死球も連発してしまう。もはや手の打ちようがなかった。
○対十七、五回コールド負け。
大惨敗だった。

試合後のミーティングで、監督が選手たちに言った。

「私にもまだまだ甘い部分があった。この大敗を糧に一から出直しだぞ」

監督は選手たちを鼓舞したが、多くの選手は下を向いていた。悔しさのあまり顔を上げるのが辛いのか、あまりの大敗に、もうやる気がなくなってしまったのか、私には分からなかった。

選手たちが引き上げた後、ミーティングルームに監督と私だけが残った。

「久保田君、悔しいよ。こんなに悔しくて、惨めな思いをしたのは、私の野球人生で初めてだよ」

プロ野球時代、天才打者とうたわれて、数々の栄冠を勝ち取ってきた監督のプライドがズタズタに切り裂かれた。

「…」

私は言葉を返すことができなかった。

だが、私にはなぜか悔しさはなかった。

監督とはチームに対する思いが違うのか。

ソフトボール部の指導と掛け持ちでやっているので、まだ野球に対する気持ちが中途半端なのか。

以前、養護学校のソフトボール大会で負けたときは、本当に悔しくて、その晩は一睡もできなかった。それからは悔しさをバネにして、連覇を重ねていった。

そのときと今は、いったい何が違うのか。

野球場からの帰り、携帯を確認すると三件の着信があった。

いずれも、西部警察署の生活安全課少年係の刑事からだった。

補導

「佐々木さん、申し訳ありません。今、千葉県におりまして、今からすぐに行きますが、着くのは夜七時過ぎになると思います」

「えっ、久保田先生、今、千葉ですか。こちらこそ、申し訳ありません。飯岡君の両親にまだ連絡がつかなくて困っています。両親のどちらかに連絡がついて、引き取りに来てもらえるようでしたら、すぐ先生に連絡しますので」

佐々木俊一警部補の電話の応対はいつも丁寧だ。佐々木さんとは、私が校内で生徒指導部の担当をしており、三年前に盗癖のある生徒の件を相談したことがきっかけで知り合った。そのときもその生徒を警察署まで呼んでくれ、生徒が警察に来たことを理解しやすいようにと、制服の警察官から指導してもらえるように配慮してくれた。そのときの生徒は、さすがにビビってしまい、それからは「悪いことをすると、お巡りさんのところに行くぞ」と言うと、「もうしません。もうしません。もうしません」と大声を出しながら、私のところから逃げていた。

中学時代に素行の悪かった飯岡の件でも、入学当初佐々木さんに学校に来てもらい、中学時代の様子を聞くことができた。

佐々木さんからは「飯岡君は根っからの悪ではなく、単に寂しさを紛らわすために、悪い連中とつるんでいるだけだと思いますよ。もっと親が彼のことを見てあげられると、だいぶ変わりますよ」という話があった。

私は、今日はこれから長丁場になると思い、駅の売店でおにぎりと菓子パン、缶コーヒーを買い、電車を待っている間に急いで食べて、一気に缶コーヒーを飲んだ。あまりにも急に食べたので、電車の中で少し胃の調子が悪くなってしまったが、野球で疲れた身体は睡魔に勝てず、しばらく眠ってしまった。

七時三十分、やっと西部警察署が私の視界に入ってきた。昼間はかなり気温が上がって暑かったが、夜になると少しずつ気温が下がったようで、肌寒さを感じながらも急いで歩いた。

警察署の前に警棒を持った制服の警察官が立っていたので、一礼して中に入る。三年前に一度来ているので、そのときのことを思い出し、受付に行き、佐々木さんを呼んでもらった。しばらく一階ロビーで待っていると、階段を小走りで降りて来る佐々木さんが目に入った。私はすぐに立ち上がり、挨拶する。

「佐々木さん、来るのが遅くなってしまい、大変申し訳ありません」

私は頭を下げた。

佐々木さんの身長は百八十五㎝ぐらいあり、身体もかなり鍛えているようで、がっしりしている。年齢を確認したことはないが、ほぼ私と同年代ではないかと思われた。

佐々木さんも大きな身体を折り曲げて、丁寧にお辞儀をしてくれた。

「先生、わざわざ、申し訳ありません。今日は千葉に行かれていたのですか」

「そうなんです」

「そのお姿は、旅行ではないですよね」

佐々木さんは私の服装を確認した。私は黒いベースボールキャップを被り、上は紺色でVネックのジャンバー、下は同じ紺色で素材がポリエステル製のものをはいていた。

「はい。今、飯岡たちのソフトボール部と掛け持ちで、社会人野球のコーチをやっておりまして、今日は千葉県で大会があったんです」

「そうだったんですか。久保田先生も大変ですね。今日は本当にすみません。あれから何度も飯岡君の両親に電話したのですが、まったくつながりませんでした。その後、飯岡君には学校に電話するけどいいか、と聞いたら、駄目だと言うんです。まあ、警察も最近は悪さをしても、あまり学校には連絡しないんですよ。高校生の場合、すぐに停学とかになってしまうので、生徒さんの進学にも影響してしまいます。可能な限り、両親に電話するようにしています」

「はい」

（あの馬鹿、何をやりやがった）

「それで飯岡君に信頼できる先生の携帯に電話するから、何先生がいいかと、聞いたんです」

「はい」

（それで俺か。あいつもなんだかんだ言って、俺を頼ってくるわけだ）

私は佐々木さんを見て、次の言葉を待った。

「あ　や　か　先生っていますか」

「はい？」

私は少しずっこけた。だが、すぐに体勢を立て直す。

「ええ…、いますけど」

「その先生に来てほしいというんですよ」

（あのヤロー）

「はい」

「でもその先生の携帯番号を知らないそうで、私が久保田先生は？　と聞いたら、仕方ないかなという感じで、あっ、先生、すみません」

佐々木さんは慌てて頭を下げた。

「いえ、佐々木さん、気にしないでください。ところで飯岡は何をやらかして、補導されたのですか」

「今日の昼間、中学時代の仲間とつるんで、ゲームセンターで遊んでいたんですね。そのときにタバコを吸ってましてね。それで」

（あの馬鹿）

「あっ、でも先生ね、飯岡君は吸ってなかったんですよ」

「佐々木さんが見たときに、たまたま吸ってなかったのではないですか」

「いえ、後でつるんでいた仲間にも聞いたのですが、みんな飯岡君は吸ってなかったと言ってましたから」

「そうですか。どうしてですかね」

私はまだ、納得できなかった。

「大会に出られないと言ってましたよ」

「はい？」

「タバコや暴力をすると、大会に出場できなくなると、いつも久保田先生に注意されていたから、やめたって言ってましたよ。飯岡君」

「そうですか。あいつが、そんなこと、言ってましたか」

（ちょっと、嬉しくなった）

「もし先生にばれたら、無茶苦茶怒られて、げんこつをくらうとも言ってましたね。相変わらず、厳しいですね、先生は」

佐々木さんは笑顔で言った。

「ですから、飯岡君は補導しなくてもよかったんですが、いつまでも悪い連中と一緒にいない方がいいので、警察で少し話しておきました。今は上の部屋で休んでもらってます」

「佐々木さん、ありがとうございます。あいつにとっても、話してもらった方がよく分かってよかったと思います」

「でも飯岡君、私にははっきり言ってくれませんでしたけど、家庭でかなり嫌なことがあるみたいですね。先生からも飯岡君の話を聞いてあげてください。では、私は飯岡君を連れてきますね」

「分かりました。今日はご迷惑をかけて、本当に申し訳ありませんでした」

私は佐々木さんに深々と頭を下げた。

私は飯岡と一緒に警察署を出た。

飯岡は真っ赤なメジャーリーグのベースボールキャップを被り、白のジャージで背中に龍の柄の入った上着、同じく白でダボダボのズボンをはいていた。はっきり言って、一緒に歩きたくない格好だった。

ぐぅー。

「おまえ、腹減ったか」

「えっ、ん、まあ」

「あそこにファミレスあるから、何か食うか」

「えっ、先生、いいのか」

飯岡はさすがにいつもの元気がない。

「あー、先生も腹減ったから、寄って行こう」

ファミレスに入り、一番奥の窓側の席に向かい合って座った。早速、店員が来たので注文する。飯岡はハンバーグセットのAでライス大盛り、ドリンクバー付き、私はペペロンチーノとサラダ、ドリンクバー付きを頼んだ。すぐに飯岡は立ち上がり、ドリンクバーに行く。

「おい」

飯岡は私に呼び止められた。

「ん?」

何だという顔で私を見る。

「先生のは？」

「ん？」

「先生の飲み物も持って来いよ」

「あー、そうか。先生、何にすんだ」

「何にすんだ、じゃないだろ。何にしますかって聞くんだよ」

「何にしますか」

珍しく素直だった。

「コーラかな」

ドリンクバーから戻ってきた飯岡を見ると、右手に私のコーラ、左手には、何か変な色をした液体が小ジョッキの中に入っていた。

「おまえ、それ、何だ」

「これはね、コーラとグレープとオレンジを混ぜたんだ」

「おまえ、そんなの飲むと早死にするぞ」

「先生、これがうまいんだって、ほんとに」

飯岡は自分の席に座ると、変な液体を一気に飲んだ。

「あー、うめー」

少し顔が綻んだ。

私もコーラを一口飲んだ後に飯岡に話しかけた。

「おまえ、今日は疲れたか」

「かなりね」

「そうか。でも佐々木さんに聞いたけど、タバコは吸ってなかったらしいな」

「俺は吸ってないよ」

「そうか。よく我慢したな」

「だって、ばれたら、先生すごい怒るっしょ」

「そりゃ、そうだ」

「それに、大会に出られなくなると、やばいし」

飯岡は窓の外に目をやりながら言う。

「そうか。おまえなりに考えたんだ」

「だってよう、宅間先輩とか、すげー、頑張ってんじゃん。俺もいいとこ見せてーし」

「そうか。別におまえだけ、出られなくてもよかったんだぞ」

私は少し笑いながら言った。

「まじで。だって先生、悪いことすると、れん、れん」

「連帯責任だ」

「あー、それ、それ。先生、言ってたよな」

「そうだな。言ったな。ソフトボールはチームスポーツだから、仲間に迷惑をかけるようなことをしたら、いけないいんだよ」

「だから、俺、タバコ吸うのやめたんだ」

「でもダチに吸えって言われたろ」

「だから、やばくなって、逃げようとしたら、佐々木さんが来て、捕まった」

「そうか。逃げてたら、ダチに追われてボコボコにされたかもしれないから、佐々木さんが来てくれてよかったな」

「まあな。でも、かなりビビったけど…」

ここで食事が運ばれてきたので、飯岡と私は食べることに集中した。飯岡はよほど腹が減っていたのか、ガツガツと食べては、よく噛まずに、そのまま飲み込んでいるような感じだった。食べ終わるとようやく満足したようで、少しずつ表情も和らいでいった。

店を出ると、外はさらに冷え込んでおり、飯岡も思わず「さみー」と大きな声を出した。

夜道を二人で歩きながら、私は飯岡に聞いた。

「なあ、おまえの家、まだいろいろと大変なのか」

「うん、まあね」

「まあねって、なんだよ」

「それより先生、今、何時？」

「ん？」

私は腕時計を見る。

「そろそろ、十時になるぞ」

「あっ、やべー。じゃあ、先生、俺、帰るね」

飯岡は逃げるように、走り出した。

「おい、おまえ、待てよ。まだ、話があるんだぞ」

私は大声で叫ぶ。

「先生、明日の練習で話すよ。じゃあーね。あと、ごはん、ありがとねー」

飯岡は私を振り返ることなく、走り去った。

夜道に一人で残された私は、ただぼう然と飯岡の後ろ姿を見ているだけだった。

「寒いな…」

明日は日曜日、朝からソフトボール部の練習だ…。

愛　情

翌日、飯岡は練習に来なかった。

私は練習が終わっても、飯岡には連絡をしなかった。飯岡は明日になれば、学校に来ると思った。明日は飯岡にとって、大事な日になるはずだ。

月曜日、私は朝七時に出勤した。職員室に入ると、少し離れた席にいる飯岡の担任が目に入った。私は担任に近づき声をかけた。

「先生、おはようございます。いつもこんなに早く来ているのですか」

「あっ、久保田先生、おはようございます。うちはまだ子どもが小さくて、保育園なんです。朝は奥さんが子どもを預けて、帰りのお迎えは私なんです。それで帰りは、定時に学校を出なければならないので、毎朝、早く来て仕事をしています」

「そうなんですか。先生も大変ですね。それで、貴重な時間に申し訳ないのですが、土曜日に飯岡が西部警察署に補導されまして」

「えっ、補導！」

担任は驚いて目を見開いた。

「ええ、ゲームセンターで、中学時代の仲間とつるんで、タバコを」

「えっ、タバコ！」

担任はさらに大きな声を出す。

「でも結局、飯岡は吸ってなくて、警察で話をされて終わったんですけどね」

「そうですか。飯岡君がタバコを吸ってなくてよかったです。それで、警察には飯岡君の両親は行ったのでしょうか」

「いえ、警察から何度も連絡してもらったのですが、つながりませんでした。それで、私のところに連絡があったので、土曜日の夜に警察まで迎えに行ってきました」

「そうなんですか。私はまったく知らなかったので、ご迷惑をおかけしました。飯岡君が久保田先生に迎えに来てほしいと言ったのですか」

「…ええ、まあ、そんな感じですかね」

「そうですか。こういうときは、担任よりも、部活動の先生なんですね」

担任は少し残念そうな表情だ。

「いえ、たまたまじゃないですかね。今回は…」

（本当は彩香先生だったとは、言えず）

「今日は飯岡君、学校に来ますかね」

「今日は来ると思いますよ」

「そうですか。では、私からも飯岡君に話してみます。でも、飯岡君が私の話を聞いてくれるか、ですが」

「先生もあまり固くならずに、やんわりと攻めた方がいいですよ。特に飯岡みたいなタイプは」

「私、固いですかね」

「いいえ、すみません。私がいつもいい加減なものですから、つい。では先生、そういうことで、朝の貴重な時間にすみませんでした」

担任はまだ何か聞きたそうだったが、私はすぐ自分の席に戻った。

私が席に座り、今週の予定表に目を通していると、彩香先生が挨拶して、自分の席に座った。

「彩香先生、おはようございます。出勤したそうそう申し訳ないのですが、ちょっと、いいですか」

「はい」

彩香先生は少し不安そうな表情をした。

私は彩香先生と一緒に、自分の教室に行った。

教室で向かい合って座ると、すぐに土曜日の話をする。

「そうだったんですか。でも、飯岡君、タバコ吸わなくて、偉かったですね。そこで、久保田先生に言われたことを思い出すなんて、先生も嬉しかったですよね」

彩香先生は私を見ている。

「えっ、あっ、まあ、それほどでも…」

(嬉しかったくせに)

「それで、彩香先生にお願いがあるのですが」

「はい。何でしょうか」

「今日、飯岡が来たら、部活動の時間にあいつの話を聞いてやってくれませんか」

「私がですか」

「はい。あいつ、本当は土曜日、彩香先生に迎えに来てもらいたかったんですよ。俺ではなく」

「えー、何で、私なんですか」

「あいつの憧れなんですよ。彩香先生は」

「そんな。そんなことないですよ…」

彩香先生は、少し恥ずかしそうな表情だ。

「彩香先生、本当に申し訳ないのですが、飯岡の話相手になってもらえませんか」

私は頭を下げてお願いした。

「はい。分かりました。飯岡君のことも心配ですし、あと…」

「あと?」

「久保田先生が困っていて、お願いされたら、私、何でもやりますから」

彩香先生が私を見つめている。その頬が少し赤くなった。

「あ、彩香先生、あ、ありがとうございます」

（おい、四十のおっさん、何、ドキドキしてんだ！）


放課後、飯岡はソフトボール部の練習に遅れてきた。担任と少し話したのかもしれない。

飯岡は校庭に出ると、私の顔を見ることなく、ランニングを始めた。

「おい、飯岡」

私は大声で呼んだ。

「ん？」

飯岡がランニングを止めて、私を見ている。

「早く、こっちに来い」

私は手招きをした。

飯岡がダラダラと歩きながら、近づいてくる。

「何だ？」

「何だ、じゃないだろ」

「何ですか」

今日も素直に言った。

「彩香先生がおまえと話がしたいってさ。どうする？」

「えっ！　まじか！」

飯岡の目が大きくなった。

「まじだよ。すぐ職員室に行ってこい」

「よっしゃー、じゃあね、先生！」

飯岡はダッシュで私の下を離れて行った。

すると今度は主将が近づいてくる。

「先生、飯岡、嬉しそうに走って行きましたけど、どうかしたんですか」

「あいつはな、病んでる心を治しに行ったんだよ」

「通院ですか？」

「まあ、そんなところだ」

「おまえも一年のとき、いろいろあったから、分かるだろ」

「はい。俺も何度も通いましたから」

「飯岡も早く治ると、いいな」

「治りますかね、あいつ…」

主将は笑いながら言った。

校庭では、生徒たちが練習最後のストレッチを行っていた。

私がその様子を見守っていると、飯岡がダッシュで近づいてくる。

「せ、せ、先生」

飯岡は息が苦しそうだが、満面の笑顔だ。

「どうした。嬉しそうにして。彩香先生と話したのか」

「お、お、おう。話した。話した」

まだ呼吸が整っていない。

「そうか。それで、どうだった」

「彩ちゃんと…」

「彩ちゃん？」

「そう。彩ちゃんとメールアドレスの交換したんだよ。彩ちゃんの携帯番号も教えてもらったしな」

飯岡は誇らしげな表情だ。

「何だ？ よく分かんないぞ。ちゃんと説明しろよ」

「まあ、まあ、先生は知らなくて、いいから。俺と彩ちゃんの秘密だよ。ブフフ」

「だからってな、おまえ。彩香先生のこと、いきなり、彩ちゃんはないだろ」

（俺だって、呼べないぞ）

「まあ、まあ、先生。で、彩ちゃんな、そのうちな、俺のこれ、になるかも。ブフフ」

飯岡は右手の小指を立てた。

「おまえ！　ふざけたことばかり言ってんなよ！」

私は飯岡にげんこつをしようと、握った右手を上げた。

「あー、やべー、げんこつだー、逃げろー」

飯岡はストレッチをしている生徒たちの方向に走った。すると、何人かの生徒がストレッチを止めて、飯岡を捕まえる。

「グエー、離してくれよ。先生に捕まったら、げんこつ、やられるし、助けてくれー」

飯岡も捕まえた生徒も、みんな笑顔だった。


ソフトボール部の生徒を帰した後、私は急いで職員室に行った。

彩香先生は自分の席で仕事をしている。

「彩香先生」

私は少し大きな声で呼んだ。

「あっ、びっくりしました。久保田先生でしたか」

「はい。さっきは、飯岡がお世話になりました。あいつ、急に笑顔で元気になってましたが、何かありましたか」

「そうですか。飯岡君、少し元気になってよかったです。先生、ちょっと、別のところで話してもいいですか」

「はい」

私は彩香先生と一緒に自分の教室に行き、向かい合って座った。

「彩香先生、今日は、ありがとうございました」

私は頭を下げた。

「いえいえ、大丈夫です。飯岡君とよくお話ができてよかったです」

「あいつ、何か、言ってましたか」

「はい。最初は少し緊張していたようで、あまり話してくれなかったのですが、何でもいいから話してよ、と言ったら、少しずつ話してくれました。飯岡君は、あー見えて、悩んでいることがたくさんあったんですね」

「そうなんですか、あいつが…」

「まずは、お父さんのことを言ってました。お父さん、建設関係の仕事をしているそうで、地方を含めていろいろな現場を転々としているようです。地方に行くと、しばらく家には帰って来ないのですが、ここのところ仕事があまりなくて、よく家にいるそうです。お父さん、家にいると、だいたいお酒を飲んでいて、いつも酔っているみたいなんです。お父さん、酔っぱらうと、飯岡君にもかなり厳しく当たるみたいですね。飯岡君のことをいつも、おまえは馬鹿でどうしようもないやつだと言うそうです。飯岡君が少しでも反抗すると、手を出したり、足で蹴ったりもするそうです。飯岡君、酔って怒るお父さんがすごく怖いと言ってましたよ。だから、お父さんが家にいる日は帰りたくないので、学校が終わると、そのまま中学時代の友達と遊んでいるそうです。飯岡君、お父さんの話をしているとき、涙ぐんでました。かなり、辛いんだと思います。私も、飯岡君がかわいそうで…」

彩香先生の目が少し潤んできた。

「そうなんですか。あいつ、そんなこと、私には言ったことないですよ。それでか。あいつに馬鹿だな、おまえは、と私が言うと、俺のこと馬鹿って言うなって、必ず言うんですよ。あいつ、お父さんにさんざん言われて、かなり嫌な思いがあったんですね。私も気をつけないといけませんね。あと、げんこつも、止めないとですね。反省します」

私はその場で頭を下げた。

「あっ、でも、飯岡君。久保田先生はいつも怒って、怖いけど、怒った後はやさしいし、話も聞いてくれて、俺のこと、すげー心配してくれるって、言ってましたよ」

「そうですか。あいつが、そんなことを言ってましたか」

「あと、お母さんのことですけど」

「はい」

私は姿勢を正して聞く。

「飯岡君のお母さん、いつも家にいないですよね」

「はい。飯岡もお母さんが何をしているのか、はっきり言いません。私は毎晩、遊び歩いているのか、水商売の仕事でもしているのか、と勝手に思っていました。だって、毎日、夕食代として、千円やときには五百円を家に置いて、あいつに勝手に食べな、ですよ。ひどくないですか」

「ええ、私も久保田先生から、そのお話を聞いたときは、先生と同じ思いでした。でも…」

「でも?」

「お母さん、昼も夜もしっかり働いているようです。飯岡君が昼間はお茶を飲むところと言ってましたから、たぶん喫茶店だと思います。夜はお店の名前をちゃんと言ったので、居酒屋です。詳しいことはよく分かりませんでしたが、お金にはだいぶ困っているようです。飯岡君の家、時々、学校に払うお金も滞納してますよね」

「そうかもしれませんね」

「それで、飯岡君。さっき言った通り、お父さんが家にいると、中学時代の友達と夜遅くまで遊んで、その後、何をしていたと思いますか?」

「家に帰って、すぐ寝るんじゃないですか」

「いいえ、お母さんが働いている居酒屋に行って、お母さんが仕事終わるのを待っていたんですよ」

「えっ、だって、深夜でしょう」

私は驚いて、少し大きな声を出す。

「はい。いつも十一時頃に終わるみたいです。飯岡君、お母さんが出てきたところを待っていて、一緒に帰るそうです。居酒屋はH駅前なので、飯岡君の家までは、横浜線で一駅乗るのですが、いつもお母さんとは、家まで歩いて帰るみたいですね。そのときにお母さんといろいろな話をするのが、すごく楽しいって、飯岡君…」

彩香先生が涙ぐんでいる。

「…すごく、嬉しそうな顔をして、言ってましたよ。飯岡君、まだ高校二年生になったばかりですし、お母さんに甘えたいですよね。お父さんが怖いから、なおさらかもしれません」

彩香先生はハンカチを出して、目元を拭った。

「先生、すみません」

「いえ、あいつも…、見かけだけでは、分からないですね。そういえば、三月の練習試合のあった前の晩も、深夜十二時頃に帰ったと言ってましたし、一昨日も、飯岡とファミレス出たのが十時頃で、そのときに、あいつ時間を気にして、慌てて走り出しましたよ。あのときも、お母さんに会うために行ったのかもしれませんね」

「たぶん、そうだと思います。ここのところ、お父さんは毎日家にいるようなので、毎晩、お母さんのところに行っていると思いますよ」

「それでは、授業中も熟睡するわけだ」

私は先日聞いた担任の言葉を思い出した。

「でも、このままだと、飯岡君の生活リズムが乱れたままですよね」

「はい」

私はうなずいた。

「それで、私も少しは飯岡君のお役に立てればと思いまして」

彩香先生が少し微笑んだ。

「はい」

「まずは飯岡君、学校が終わったら、すぐに家に帰ること。家に着いたら、自宅の電話から私の携帯に電話をしてもらうことにしました。飯岡君の携帯からだと、どこからかけているのか分からないので、自宅の電話にしました。自宅の電話なら私の携帯に出た番号で確認できますよね」

「なるほど」

私はまたうなずく。

「あと、家にいるとお父さんが怖いかもしれないけど、自分とお父さんのために、飯岡君が晩御飯を作ることも約束しました」

「えー、あいつが、ですか」

「はい。うまくいけば、お父さんも飯岡君の頑張っているところを、少しは分かってもらえるかもしれませんし、お母さんも安心すると思います。飯岡君、あれで家庭科の授業がけっこう好きみたいで、自分で作れる料理もいくつかありました。カレーライス、チャーハン、焼きそば、あとラーメン、これはインスタントですけど、野菜を入れれば大丈夫だと思います。あと他に、三品レパートリーが増えると、一週間、毎日違う料理になるんですけど」

私は彩香先生の話に圧倒されたままだ。

「それで頑張って、自分とお父さんの分を作ったら、出来上がった料理を携帯で撮って、私のアドレスに送ってもらうことにしました。私はその写真を見て、毎日、飯岡君に料理の感想を返信してあげることにしました。その約束をしたら、飯岡君、すごく喜んでくれました」

「それは、喜びますね」

飯岡が飛び上がって喜ぶ姿が目に浮かんだ。

すると、彩香先生の携帯が鳴った。

「あっ、早速、飯岡君です」

(あいつ、ダッシュで帰りやがったな…)

「あっ、飯岡君、家に着いたのね。電話ありがとう。今晩はカレーライスね。出来上がった写真、楽しみにしてるからね。頑張ってね」

(あいつは、鼻の下が伸び切って、戻らないはずだ)

「彩香先生、飯岡のために、いろいろとありがとうございます。私が知らないこともたくさんありましたし、飯岡がやる気を起こしてくれて、よかったです。彩香先生にお願いして、大正解でした」

私は彩香先生に深々と頭を下げた。

「ところで、彩香先生。さっき飯岡がいきなり先生のことを、彩ちゃんと呼んでましたが、あいつ、気分がよくなって、失礼なことを…」

「あー、それはですね、私のアドレスを飯岡君に教えたんですけど、私のアドレス、ayachan…、なんですね。それを見た飯岡君が何て読むんだって、聞いてきたんです。そうしたら、それから私のこと、彩ちゃん、彩ちゃんって、何度も呼ぶんです。飯岡君、甘え上手で、かわいいところありますよね」

彩香先生は笑顔で言った。

「あいつ…、そうだったんですね」

(飯岡！ 俺より彩香先生と仲よくなりやがって、見てろよ)

「あの、彩香先生、今日、本当にお世話になったので、この後、お礼にお食事でも」

「あっ、先生すみません。また携帯…」

彩香先生は携帯の画面を見て、慌てて教室を出た。

するとすぐに、彩香先生が戻って来た。

「久保田先生、私、時間を気にしてなくて、もうこんな時間だったんですね。私、この後、約束があって、すみません。お先に失礼します」

彩香先生は慌てて、廊下を走って行った。

「…」

私は仕方なく、自分の携帯を確認する。

着信〇件、メール〇件
「…」

ブログ

翌週水曜日の夜、杉田から電話があった。

「久保田コーチ、お疲れさまです。お忙しいところ、すみません」

杉田の声は静かだった。

「大丈夫だよ。でも、どうした？　何か声に元気がないぞ」

「ええ、ちょっと、嫌な話、なんですけど」

「また、何かあったか」

「コーチ、笹川のブログ、見ましたか」

「いや、俺は、ブログとかはまったく見ないから」

「笹川、自分のブログで、チーム批判を書いているんですよ」

「えっ、何だって、チーム批判？　その中身は、ひどいの？」

「かなり」

「まじかよ…」

私はため息が出た。

翌日の夜、私は杉田と西部養護学校の近くにある喫茶店で会った。

「杉田、わざわざ、こんな遠くまで来てくれて、申し訳ない」

「いいえ、大丈夫です。大事なことなので。それより、さっき、駅前で元気な声で話しながら、帰っていた生徒さんたちがいましたよ。コーチの教えている生徒さんではないですか」

「たぶん、そうだ。うるさかったか」

「一人の子は、かなり大声出してましたね。今日も飯作って、あやちゃん？　にメールするとか。何か、よくわけの分からないことを言ってましたよ」

「そいつ、角刈りだった？」

「はい」

飯岡は、あれから元気になったのはいいが、彩香先生が自分の彼女になったと思い込んでしまい、あちこちで、彩ちゃんは俺のこれ、だと右手の小指を出しながら大騒ぎしている。飯岡が元気なのは、自分で晩御飯を作るようになってから、お父さんも一緒に食べるようになり、今までより、怒られることが減ってきたことも大きかった。

「杉田、腹減ってるよな。ここ定食もあるから、何か食べるか」

「はい。ありがとうございます」

私はすぐに店員を呼んだ。私と杉田はともに、洋食セットを注文した。

「コーチ、早速ですが、笹川のブログをコピーしてきました」

私は杉田から渡された紙に、さっと目を通す。

「あいつ、何回か、書いたのか」

「はい。都市対抗予選が終わってから、三回書いてます。読んでください」

○月×日　○時×分

都市対抗予選、初戦でボロ負け。○対十七、五回コールド。

三月にヘッドコーチが辞めさせられ、チームの中心選手も辞めた。

練習試合で、ヘボ三塁コーチャーが急に俺が走っているのを止めたんで、怪我したよ。

まだ治ってない。おかげで、予選も打てないし…。

今のチームはボロボロ。野球のうまくないやつらと、一緒に練習するのも、もう、うんざり。

はっきり言って、こんなんじゃあ、勝てないよ。

○月×日　○時×分

今日は、さっきまで、顔のいかついおっさんと、酒を飲んでた。

おっさんから「おまえ、いつまで、あのチームにいるんだよ」って言われたよ。

俺も、今のチームに、もう先はないと思っているから、いつ辞めてもいいんだけど…。

とりあえず、今度の土日は、練習に行かないつもり。

顔のいかついおっさんと、練習でもしようかな。

○月×日　○時×分

今日は久しぶりに、思いっきり、遊んだ。

もちろん、練習はサボリ。

もうあんなチームでやる気はないから。

でも今度、萩欽球団と練習試合があるんだよね。その試合は客もたくさん入るので、目立つから、その試合には出るつもり。それで、終わりにしようかな。


「ひどいな」

「はい」

杉田は静かに言った。

「あいつ、怪我してたのか」

「分かりません。練習や試合は普通にやってましたけど」

「ヘボ、は余計だな。むかつくな」

杉田には、つい本音を言ってしまう。

「まだ、子どもですよね。笹川は」

杉田はあきれて言う。

「それより、この、顔のいかついおっさんって、徳山さんのことだろ」

「そうですね。田岡たちも、まだ頻繁に会っているようですよ」

「そこで、チームや俺の悪口も言ってるんだろうな」

「それは、分かりません。でも、チームにとって、よくない傾向ですよね」

「やっと、少し落ち着いたと思ったのにな」

「それで久保田コーチ、笹川の件は監督にお伝えしますか」

「そりゃ、伝えないと。監督、今、愛知だよな」

「はい。ドルフィンズ戦のテレビ解説の仕事ですね」

杉田は手帳を見ながら、確認する。

「今度の土曜日は練習に来るかな」

「はい。参加の予定ですね」

「じゃあ、土曜日に私から監督に伝えるよ。何か重い話で嫌だけどな」

「はい。では、よろしくお願いします」

杉田は頭を下げた。

ここで、注文した料理が運ばれてきた。

「杉田、ビールも頼もうか」

「そうですね。少し飲まないと、やってられないですよね」

それから、私はグラスビールを三杯、杉田は五杯も飲んだ。

駅までの帰り道、心地よい夜風に当たりながら、私と杉田は、たわいもない話で盛り上がった。

本当に酔わないと、やってられないな…。


土曜日は、高校のグラウンドを借りた。

私がグラウンドに着くと、すでに笹川は来ていた。何やら田岡たちと、楽しそうに話をしている。

監督は九時集合の五分前に到着したので、笹川の件は選手たちがアップをしているときに話すことにした。

選手たちがアップをするために、外野に走って行ったので、私はすぐ監督に声をかけた。

「監督、朝から、申し訳ありません。少し、よろしいですか」

「ん？ 久保田君、どうした。何か、あったのか」

監督は心配そうな表情で私を見る。

私は監督と三塁側ベンチに行き、並んで座った。私は杉田に手招きをして、そばに来るように伝えた。

「監督、これなんですが、先日、杉田が見つけました。笹川のブログです」

私は監督に紙を渡す。

すぐに目を通した監督の表情が一変した。明らかに怒っている。

「これは、ひどいな。笹川は処分する。チーム批判は、罪が重い。久保田君、笹川を呼んでくれ」

「はい。でも監督、練習中に呼ぶと、また他の選手が気にして、練習がおろそかになるかもしれません。一応、笹川の弁明も聞いた方がいいと思うので、笹川とは、練習が終わってから、話をしてもらっても、よろしいでしょうか」

「…、そうか」

監督は納得のいかない表情だ。

練習後、私は笹川のそばに行った。

「笹川、ちょっと、いいか」

「なんすか」

笹川は私を一瞥する。

「監督が呼んでる」

「何の用すか」

「行けば、分かるよ」

私は淡々と話す。

「田岡さん、ちょっと待っててください。何か監督に呼ばれました」

笹川は帰ろうとしている田岡に大きな声で言った。

「おめー、何か、やらかしたのか」

田岡が笑いながら言う。

「分かんないすよー」

笹川も笑っている。

「いいから、早く来いよ」

私はいらついてきた。

「ちぇっ」

笹川は私に聞こえるように、舌打ちした。

監督はすでに三塁側ベンチに座っていた。笹川が監督の前に立ち、私は笹川から少し離れたところに立つ。私の隣には杉田も来ていた。

監督はブログの書いてある紙を笹川に渡した。

「笹川、それは、おまえの書いたものだな」

監督は笹川を見続けている。

「…」

笹川は紙を見続けたままだ。

「どうなんだ」

監督が語気を強めた。

「はい」

笹川は小声で返事をする。

「認めるんだな」

監督は声を大きくした。

「はい」

「何で、そんなことを書いた」

「何でって、自分の思ったことだから」

笹川は平然と言う。

私と杉田は思わず、お互いの顔を見た。

「笹川、おまえの書いた内容は、チーム批判だぞ。分かっているのか」

監督はさらに語気を強めた。

「自分の思ったことを、書いたらいけませんか」

笹川の言葉に、私は我慢がならなかった。

「いけないんだよ！」

私は怒鳴った。

「何で、ですか」

笹川はまた平然と言った。

「おまえは、ＳＢＣフェニックスというチームに所属してるだろ。自分の所属組織のことを公の人が見るところで、批判したらいけないんだよ。そんなの社会人として当たり前だろ」

私の隣で、杉田がうなずいている。

「そうなんですか。よく分からないですね」

笹川は首を傾けた。

「笹川、さっきから、おまえの話を聞いているが、まったく謝る気はないのか」

監督が少し冷静に話す。

「謝れって、何をですか」

（こいつ、いい加減にしろよ）

私は思わず一歩前に出た。すると、杉田が私の右腕を掴み、止めた。

監督は腕組みをして、しばらく下を向いたままだ。

少し時間が経ってから、監督がおもむろに顔を上げて、笹川に言った。

「謹慎、一ヶ月」

「は？」

笹川はけげんな顔をした。

「一ヶ月間、反省してよく考えろ」

監督が笹川をにらみつける。

「監督、一ヶ月間、試合も練習もなしですか」

「そうだ」

「えー、じゃあ、今度の萩欽球団との試合は出られないのですか」

笹川は驚きの顔で言った。

私はあきれてしまい、何も言えなかった。杉田も下を向いたままだった。


私は一人、三塁側ベンチに座っていた。

ぼんやりとマウンド付近を眺めていると、雨がパラついてきた。

（そういえば、今日は昼過ぎから、雨予報だったな）

雨脚は徐々に強くなり、雨水がマウンドのピッチャープレートを頂点に、いくつもの線状となって、流れ始めていた。

私は、その流れを見ているうちに、さっきまで、笹川の自己中心的な発言に怒り心頭だったのが、少しずつ冷静になり、別のことを考え始めていた。

選手たちと土日しか会えないと、選手の一面しか見えないのかもしれない。選手から自分勝手と思われる態度や発言があると、私の中で、この選手は駄目なんだと、すぐに判断してしまった。一度そのレッテルを貼ってしまうと、その選手を見る目もなかなか変えられなかった。松木、笹川、田岡らは、どうしても、そういう目で見てしまった。確かに、その選手たちは、自分の思いをそのままぶつけ、自分の思い通りにならないと、すぐに反抗した。私もつい、怒ってしまい、その選手たちとの溝は埋まらないままだった。いつも指導している宅間や飯岡のように、毎日は会えないのだから、もう少し私も大人になって対応すればよかったのかもしれない。それができれば、選手たちとの関係も、少しは改善できた可能性もあった。誰にでも、もっと自分を見てもらいたいという気持ちは、必ずあるはずだ。それはＳＢＣフェニックスの選手たちも、ソフトボール部の生徒たちも同じだろう。ただし、その表現の仕方が下手なのが、松木、笹川、田岡であり、こちらがうまく問いかければ、素直に言えるのが飯岡や宅間だと思う。表現の仕方が下手だと、相手がその人のことを誤解し、自分もすごく損をしてしまう。そのときに、こうしたらどうだと話しができれば、もっと、よい方向に変わる可能性はあったはずだ。

だが、私には、それができなかった。


しばらくして、ベンチを出ると、杉田が近寄り、私に傘をさしてくれた。

「あー、杉田、悪いな。ありがとう。まだ、グラウンドにいたのか」

「はい。何か、選手たちのいる控室に行くのが嫌で、ネット裏にある屋根の下にいました」

「そうか」

私と杉田は、グラウンドの水たまりを避けながら歩いた。

「久保田コーチ、今日は疲れましたね」

「あー、疲れたな。杉田もお疲れさま」

「いえいえ、私は何のお役にも立てず、です…。コーチ、この後、食事でも行きましょうか」

「いや、杉田、悪いけど、今日は帰るよ」

「そうですか。コーチ、明日は?」

「明日は、ソフトボール部の練習試合に行かないと。悪いけど、野球は休みます」

「では、また、来週ですね」

「そうだな。また来週な…。お疲れさま」

やっと、ぬかるんだグラウンドを抜けて、控室に向かう外階段の途中で振り返ると、すでにグラウンド全体が雨水で覆われていた。

私には、どす黒かったグラウンドの土に、雨水が大きな蓋をしてくれたように見えた。

大量退団

「おっと、三塁側ベンチから、沢村さんが、何かサインを出してるよ。元プロ野球の大スターだからね。サインの出し方も、かっこいいよね。さあ、何のサインが出たか。ヒットエンドランかな。沢村さん、教えてよー」

六月十一日、萩欽さんのマイクパフォーマンスで、桜ヶ丘運動公園野球場を埋めた満員のお客さんは、大喜びだ。ベンチでサインを出している監督も大笑いしている。

カーン。

「あー、ヒットエンドラン決められちゃったよ。さすが、沢村さん、作戦がお見事！　それより、ゴールデンボンバーズの選手たち、何やってるの。さっき、私が、ヒットエンドランかなって、言ったよね。ちゃんと聞いてなさいよ。何でこうなるの！」

またお客さんは大爆笑だ。

さらに萩欽さんが、ヒットを打ち、一塁ベース上に立っている田岡に近づいてきた。

「あなた、ナイスバッティング！　打つのうまいねえー。いつも沢村さんに教えてもらってるのかな。沢村さんって、教えるのうまいの？」

またお客さんが笑う。

「えー、まあ」

マイクを向けられた田岡は少し緊張気味だ。

「あなた、えー、まあ、って、しっかり答えないと、ベンチから沢村さんにらんでるよ」

監督も思わず笑ってしまう。

「はい。いつも分かりやすく教えてくれます！」

田岡は今まで見せたことのない、満面の笑顔で言った。

「それより、あなた。打つのうまいようだから、どうだろう、うちのチームに来ない？　沢村さんに聞いてみよう」

萩欽さんが監督の方を向いて、笑顔で話した。

監督が笑いながら、萩欽さんに向かって、両手で大きく×を作った。

「あー、沢村さんが、駄目だってさ。ざんねーん。じゃあ、仕方ないから、もう次の打席からは、さんしーん、でお願いしまーす」

またまたお客さんは大爆笑だ。

球場全体が大爆笑に包まれる中、三塁コーチャーボックスにいた私は、萩欽さんの田岡への質問に一瞬、ドキッとした。結局、笹川は一ヶ月の謹慎を待たずに退団した。三月には松木も辞めている。

次に辞めるのは、田岡か…。

試合は、ＳＢＣフェニックスが先制したものの、元プロ野球選手を抱えるゴールデンボンバーズに逆転を許し、敗れてしまった。

ゴールデンボンバーズは同じクラブチームだったが、萩欽さんの会社が資金面でバックアップし、元プロ野球選手をはじめ、有力選手も多く集まっていた。ＳＢＣフェニックスとの力の差は歴然としていた。

それでも、選手たちは大観衆の中でプレイできたことを、本当に喜んでいた。

だが、この試合を機に、チームを退団するものが続出した。

翌週になって、四名の選手が辞めた。松木と笹川を合わせると六名になる。いずれの選手たちも、五月の都市対抗予選に出場したレギュラーだった。

もっと、強いチームでやりたい。

チームの方針に合わない。

辞める際は、いろいろなことを言ってきたが、監督は、去る者は追わずだと、突き放した。

辞めた六名の選手たちは、いずれも一月の合宿の夜に、徳山さんと一緒に車で出かけたメンバーだった。ただし、その中で一人だけ、まだチームに残っている選手がいた。

田岡だった。

七月上旬の練習日、今日は公営の野球場を借りていた。

シートノックの順番になり、いつも通りにノックバットを準備していると、監督に声をかけられた。

「久保田君、今日は久しぶりに、私がノックを打つよ」

監督も選手が大量に辞めてしまい、かなりストレスが溜まっていたのかも知れない。

「監督、お願いします」

私は監督に自分の持っていたノックバットを渡した。

「さあ、行くぞ！ みんな元気出せ！」

監督の大きな声で、ノックが始まった。

私は一塁側ベンチ前に立って、ノックの様子を見ていた。すると、背後から村松が声をかけてきた。

「久保田コーチ、お疲れさまです。今日は、遅れてすみません。やっと仕事が終わりました」

「お疲れさま。それより、足の具合はどう？」

村松は、先日走塁練習をしているときに足をひねってしまい、怪我をしていた。

「はい。まだ少し痛みがあって、俺も年には勝てませんね」

村松は苦笑いをした。

「いや、まだまだ身体は動くよ。これからチームがガタガタしないように、村松君の力に期待していから、頼むよ」

「はい。私なりに頑張ってみます。それより…」

村松が少し言いよどんだ。

「ん？　どうした」

「いえ、先週の練習が終わった後、珍しく田岡が俺のところにきたんです」

「そう。それで」

「はい。田岡が、村松さん、結局、残ったのは俺だけですって、真面目な顔で言ったんです」

「俺だけって？」

「徳山さん、松木、笹川をはじめ、自分の仲間がみんな辞めたってことですよ」

「あいつ、何言ってんだよ。野球は自分の気心の知れた仲間とだけやるわけではないよな」

「えー、もちろん。私も、今、コーチが言ったのと、同じことを田岡に言ってやりましたよ」

「それで、あいつは、何だって」

「何も言わず、一人で帰って行きました。もう、練習に来ないと思いましたけど、あいつ、ノックを受けてますね」

「あー、何か、朝のアップのときから、一人で大声を出しながら、やってるよ。気持ちを切り替えたのかな」

「コーチ、田岡を見てくださいよ」

村松は田岡を指して言った。

私はショートの守備位置でノックを受けている田岡を見た。もうすでに、ユニフォームは真っ黒だ。

監督が「田岡、もう一本いくぞ」と大きな声で言うと「お願いします！」と元気に返事をした。

監督の打ったボールがセンターに抜けるかというところに、田岡が頭からボールに飛びついてきた。何とかグローブにボールが触ったが、捕球することはできなかった。

田岡は息を切らしながらも、すぐにショートの定位置まで戻ってくる。

「監督、もう一本、お願いします！」

田岡が腹の底から声を絞り出した。

その田岡の表情に、私は鬼気迫るものを感じた。

「すごいな」

私は思わず、村松に言った。、

「はい。あいつ、ボールを追いかけているときや打っているときは、いつも真剣なんですよ。あいつのユニフォーム、土が付いて、真っ黒でしょう。あいつ、やっぱり、野球が好きなんですよ。もっと素直になって野球に取り組めると、本当の意味でいい選手になれると思いますよ」

「今までつるんでいた仲間がいなくなって、田岡が変わってくれるといいんだけどな」

私は田岡を見つめながら言った。

「そうですね。俺も期待しているんですけど…」

練習が終わり、私は携帯を持って、野球場の外に出た。一件の着信があったので、折り返そうと携帯を耳に当てると、田岡が大きな鞄を持って、私の前を通り過ぎた。今日も一人で帰るようだ。田岡の右手には、すでに火の付いたタバコがあった。私はすぐに携帯をポケットにしまい、田岡に声をかけた。

「田岡、お疲れさま」

タバコを吸いながら歩いていた田岡が振り返る。

「お疲れっす」

田岡はそれだけ言うと、すぐに向きを変えて歩き出した。

私が一人歩いている田岡の背中を見続けていると、その背中が急に左の方向に曲がって行った。その先には公衆トイレがあった。

「何だ、トイレか…」

すると、田岡はトイレ入口前にあった灰皿に近づき、自分の吸っていたタバコを擦り付け、灰皿に捨てた。田岡はその後トイレには寄らず、また自分の帰る方向に歩いて行く。

そのとき、田岡がタバコを捨てたばかりの右手をさっと上げて、一瞬、振り返った。

その田岡の表情は、今まで私に見せたにやついた顔ではなく、ほんの少しだけ、はにかんだ笑顔に見えた。

「あいつ…」

田岡は、これを最後に、ＳＢＣフェニックスに姿を見せることはなかった。


「久保田君、セカンドがいないぞ。ショートは誰だ?」

「監督、ちょっと待ってください。まずは、ピッチャーを決めないと」

「だけどな、野手が決まらないと、試合にならないぞ。ピッチャーを野手に回すしかないだろ」

「それは、そうですが、うーん」

七月中旬以降のオープン戦の試合前になると、いつも監督とこのようなやり取りが続いた。ピッチャーがセカンドやショート、外野を守らないと、メンバーが組めない状態だった。大量退団したほとんどの選手が野手だったので、チームの台所事情は、まさに火の車だ。

このような状態のため、夏のオープン戦も連戦連敗、それも大敗続きだった。

だが、こんな状況でも、残った選手たちは、誰一人、不平や不満を言わず、黙々と野球に取り組んでいた。

監督は選手たちを鼓舞する。

「チームの方針を理解して、一生懸命に取り組んでいる君たちが、このチームを支えていくんだ。腐らず、諦めず、お互いに頑張っていこう」

監督の話を聞く、選手たちの目が輝いていた。

「さあ、行こう！」

村松の大きな声を合図に、選手たちが外野に走って行く。

全員が全力疾走だった。

私は、そんな選手たちを見て、隣にいる監督に言った。

「監督、何とかして、こいつらを勝たせてやりたいですね」

監督は腕組みをしながら、大きくうなずいた。

大　会

九月十五日、朝六時三十分、私は京王線のとある駅で下車し、駅前のロータリーに出た。

一九八八（昭和六十三）年四月一日、当時の私も、この駅で下車し、ここから歩いて二十分ぐらいのところにある養護学校に初めて勤務した。

そのときの私は、この駅から養護学校までの道のりを、どんな気持ちで歩いていたのだろう。

大学を卒業したら、高校で硬式野球部の指導者になりたかった。

ところが、考えてもいない、養護学校に採用された。

障がい者のことなんて、まったく知らない。

やる気がなかった。


あれから、十九年の歳月が流れ、今年もまた、東京都養護学校ソフトボール大会の日を迎えた。

私の先には、巨大なスタジアムが見える。そのスタジアムのすぐ隣に大会会場のソフトボール場がある。私はスタジアムを前方に見据えながら、直線道路をひたすら歩いた。

「暑いな…」

もう九月半ばだというのに、今日も朝から蒸し暑い。天気予報では、日中になると三十度を超えるという。大会は都内の養護学校高等部十五チームが参加して、トーナメント戦で行われる。

前年度優勝の西部養護学校はシードだったが、優勝するためには三試合勝たなければならない。

私が一番心配していたのは、エース宅間の体力だった。

宅間は、三年生になってからも、本当によく練習をした。身体にパワーを付けるためのウエイトトレーニングにも黙々と取り組み、球速もアップした。また自ら習得したいと言ったチェンジアップも、勝負球として使える目途が立ってきた。

七月下旬には、学校近くにあるバス会社のソフトボールチームと練習試合を行った。

その日は、強烈な日差しが照りつける中、宅間は六回まで相手打線を二点に抑えていた。相手はバス会社の社員で構成するチームで、一般の成人男性である。その相手打者は宅間のチェンジアップにタイミングが合わず、凡打を繰り返していた。

ところが、最終回、あとアウト三つというところで、急に宅間のボールが走らなくなり、連打を浴びた。さらに四死球も連発して、大量失点となってしまう。私はこの回の途中でマウンドに行き、宅間の様子を見た。宅間は暑さの中で投げ続けたので、顔色が悪く、もうこれ以上は無理だと判断して、飯岡に投げさせた。

飯岡はあれから、時々さぼりながらも、晩飯作りを続け、新たなメニューに目玉焼きとオムライスが追加されていた。

彩香先生に「飯岡君、あと一品できれば、一週間、毎日、違う食べ物になるわよ」と励まされ「じゃあ、オムレツね！　これで完成！」と逃げようとしたが、彩香先生に「同じ卵料理は駄目よ」と言われてしまった。

飯岡は、彩香先生のおかげで、学校を休まなくなり、ソフトボール部の練習も休まずに参加するようになった。だが時々、日曜日の練習や練習試合で集合時間が早いと、遅刻することがあった。

朝、飯岡が遅刻して来ると「どうした？」と聞くが「うん。ちょっと、寝坊しちゃって…」と言い、すぐに私の下を離れるので、それ以上は追及しないことにした。

月曜日から金曜日は、今も帰宅したら、彩香先生に自宅から電話した後に晩飯作りを頑張っている。彩香先生効果もあるのだが、あいつにしては、よく続けられていると思う。

だが、彩香先生との約束がない土曜日の夜には、お母さんのところに行っているのだろう。そこまで、飯岡に何をしていたのか問い詰めてしまうと、今度はあいつがパンクするかもしれないので、そこは私の中で、飯岡への許容範囲にしていた。

飯岡が毎日練習に来るのはいいのだが、私から何も言われてないのに、いつの間にか宅間と並んで、壁当てのピッチング練習を始めていた。

彩香先生には「俺、宅間先輩の次に、エースになっから」と言っているらしい。

私は、飯岡の練習は長続きしないだろうと思っていた。はじめは、遊びの延長でやっていたのが、しばらく続けているうちに、普通にストライクが投げられるようになっていた。

そのときの練習試合でも、宅間の後で緊急登板となったが、ショートライナー、大きなレフトフライ、最後は大きなセンターフライと、幸運も味方して、後続を三人で終わらせてしまった。三人目がアウトになると、飯岡はマウンド上で一人吠えていた。

「オオー、よっしゃー」

両手を上げて、ガッツポーズをしている。

チームメイトがベンチに戻り、相手チームが最終回の守りにつこうとしているのに、まだ、マウンド上で吠えている。

「おい」

私は主将を呼んだ。

「はい」

汗だくの主将が私のそばに来た。

「あの、馬鹿、いや、あの能天気なやつ、早く連れて来い」

主将はマウンドまで走って行き、飯岡の首根っこを掴んで、ベンチまで連れてきた。

「せ、せ、先生よう。俺、ピ、ピ、ピッチャー、宅間先輩の次、エースになっからよ」

飯岡は慌てながらも、必死に話した。このチャンスを逃すまいと、思ったのだろう。

「…」

私は飯岡を見続けた。

「次、おまえからだぞ」

淡々と言った。

「おう、そうか。じゃあ、ホームラン打ってくっから、先生、見てなよ」

飯岡はバットを持ち、意気揚々と打席に向かう。

その初球。

ボコ。

キャッチャーへの小フライでアウト。

飯岡は下を向きながら、すぐベンチに戻ってきた。

ふと、ベンチの横に視線を移すと、フェンス沿いにある大きな木の陰に座り込み、水筒の水を飲みながら、青白い顔で、ぐったりしている宅間の姿が目に入った。


七時、ソフトボール場に着いた。今日の大会は、このソフトボール場のA面からD面を使用する。隣には高いフェンスを挟んで、飛行場があり、大会が始まる頃には、セスナ機やヘリコプターなどが離発着を繰り返す。

私が初めて採用された養護学校は、このソフトボール場のすぐそばにあった。その校舎は、アメリカンスクールを改修して使っていた。

当時この周辺は「関東村」と呼ばれていた。「関東村」は一九六四（昭和三十九）年の東京オリンピックの頃に、飛行場近辺地域に移転してきた米軍施設や住宅を総称して付けられた名称だった。私が勤務していた頃は、この関東村が生徒の散歩コースになっており、私も初めて担任をした自閉症の生徒と手をつないで、よく歩いていた。

「懐かしいなあ…」

私は毎年この大会でソフトボール場に来ると、当時のことを思い出す。

養護学校に採用されて三年目に、ソフトボールを教えることになった。そのときは、まったく指導する気はなかったのだが、当時の顧問から急に頼まれて、仕方なく指導するようになった。

ある日、何気なくダウン症の生徒がしているキャッチボールを見ていると、その投げ方や捕り方が滅茶苦茶だった。でも、どうせ、この生徒たちは教えてもうまくならないと、私は見て見ぬふりをした。

「なあ、先生、俺に投げ方、教えてくれよ」

ダウン症の生徒が私に近づき、言った。

好きにやっていいよ、と言いかけたとき、その真剣な眼差しに、私の心がざわついた。

「分かった。投げてみな」

「うん」

生徒は嬉しそうに、キャッチボールを始めた。

私はすぐその生徒のそばで、ボールの握り方、ステップの仕方、腕の振り方などの基本を教えた。

「うりゃー」

生徒が満面の笑顔で、ボールを投げる。

ボールは今までよりも倍近く飛んだ。

それから、一時間以上その生徒に付いて、キャッチボールを教えた。すると最後には、相手の胸にコントロールよく、強いボールが投げられた。

ズドーン。

「ナイスボール！」

私は嬉しくなって、思わず大きな声で言った。

「うほー、やったぞ！」

生徒は、大喜びして、何度も飛び上がった。

この子たちも、やればできる。

私にあった障がいのある生徒たちは、何をやっても駄目だという考えが、一気に変わった瞬間だった。

大会が始まった。
二回戦　十五対三（五回コールド勝ち）
準決勝　十二対二（五回コールド勝ち）
宅間の疲労を考慮して、二回戦、準決勝ともに四回からは飯岡を登板させた。失点はすべて飯岡が登板してからだ。七月の練習試合のように、飯岡に幸運は訪れなかった。
決勝の前に昼食の時間になった。生徒の保護者に試合間の昼食は、おにぎりなど簡単に食べられる物にしてほしいと、お願いしてあった。
生徒たちが各自おにぎりを食べ始めている中、飯岡が大きな紙袋を持ってきた。
「飯岡、おまえ、それなんだ」

「弁当」

飯岡は紙袋から大きな弁当箱を出した。

「弁当、作ってもらったのか」

「そう。母ちゃん」

「母ちゃんが、作ってくれたのか」

「うん」

「そうか…、おまえ、よかったな…」

飯岡は私には見向きもせず、弁当を食べ始めた。あまりにも勢いよく食べるので、地面にかなりこぼれていたが、飯岡には関係ない。いつも飯岡の昼食は、コンビニで買ったおにぎりか、菓子パン、持ってこられない日もあった。そういうときは、他の生徒に分からないように、私の昼食をこっそり渡していた。

「今日、母ちゃん、見に来るかな」

「来ない。朝、仕事行った」

飯岡は口をもぐもぐしながら言う。

「そうか…」

私はこれ以上の問いかけは止めた。

決勝戦が始まった。審判の声かけで、生徒たちが一塁側ベンチ前に並ぶ。

「ん？ おい、飯岡はどうした」

並んでいた選手たちがキョロキョロしだす。

「さっき、うんこしてーって、トイレに走って行きました」

同じ学年の生徒が言った。

「あいつ、よく噛まずに食べてたから、お腹、壊したんじゃないですか」

主将が笑った。

「あの、ば、いや、飯岡め…」

「集合！」

審判の合図で、両チームの生徒がホームベースを挟んで並んだ。

「お願いしまーす」

お互いに帽子を取って挨拶する。

西部養護学校は先攻だったので、生徒たちは挨拶が終わると、一度ベンチに戻ってきた。

「先生、飯岡が戻ってきました」

主将が右手で飯岡のいる方向を示す。

私が見ると、飯岡はユニフォームのズボンをはきかけたまま、一目散に走って来る。まだベルトも締めていない。

私は飯岡を見るのを止めて、すぐグラウンドに目をやった。

「せ、せ、先生、彩ちゃんが、う、う、うんこしてたら、メールがきた」

飯岡がほら、と私に携帯を渡す。

「おまえ、その携帯、うんこしながら見たんだろ。汚ねーから、俺に渡すなよ。それで、彩香先生、何だって」

「おう。決勝戦、頑張ってね。学校で応援してるからね、だってさ。これに言われると、俺も、やらねーとな。先生」

飯岡は右手の小指を出しながら言う。

「これも、いいけど、おまえ、次だぞ」

飯岡は三番だった。

「げっ、もうかよ。やべー」

飯岡は急いでベルトを締め、バットを持って打席に向かった。

その初球。

ボコ。

ボテボテのピッチャーゴロだった。

試合は二回表に四番の先制ソロホームランで一点を取り、四回表には、飯岡と四番の連続タイムリーヒットが出て、さらに二点を追加した。

三対〇で試合は五回裏の相手の攻撃になった。ここまで順調なペースで投げていた宅間だったが、少し疲れが出てきたようで、連続四球を出し、ワンアウト、ランナー一、二塁のピンチを迎えた。

カーン。

打球はサードゴロ。

「よし、ゲッツー」

私は思わず言った。

「えっ！」

打球はサード飯岡の股の下を見事に抜けていく。

「ちょ、ちょ、バウンド変わったし、汚ねーよ」

飯岡は三塁審判に言った。

相手に一点入り、なおもワンアウト、ランナー一、三塁のピンチ。

ボコ。

相手のボテボテのファーストゴロの間に一点を追加され、三対二となる。

次の打者は三振して、やっとスリーアウト。

戻ってきた宅間は、ベンチの隅に座り、すぐに水筒の水を飲んでいた。顔が少し青白くなってきたので、危険信号だった。

六回表、味方の攻撃はチャンスを作ったが、点を取れず。

六回裏、四球と内野手のエラーも絡んで、ツーアウト満塁のピンチとなった。

「ボール！」

審判が首を振りながら、大きな声で言った。

押し出しで、同点。相手のベンチは大騒ぎして、喜んでいる。

私は、たまらずベンチを飛び出し、マウンドにいる宅間のところに走った。

「大丈夫か」

宅間の顔は真っ青だった。

「交代するか」

「いえ」

「もう、限界だろ」

「いえ、大丈夫です」

「そうか。じゃあ、次のバッターまで、何とか頑張ってくれ」

「はい」

宅間はポケットから、タオルを出し、顔を拭った。

カーン。

（まずい…）

「よっしゃー」

主将がキャッチャーのポジションから、勢いよくベンチに戻ってきた。

いい当たりが、ショート真正面のライナーになった。

「飯岡、ちょっと」

「ん？」

「投げる準備しとけよ」

「おう」

飯岡も疲れているようで、元気がない。

「先生」

宅間が近づいて来た。

「どうした」

「次も投げます」

「おまえ、無理するなよ」

「大丈夫です。練習したから」

宅間は青白い顔のままだ。

「…、そうか」

（うーん。困ったな）

カーン。

「よっしゃー」

味方のベンチが大騒ぎになった。四番が起死回生のスリーランホームランをかっ飛ばした。打った四番が満面の笑顔でベンチに戻ってくると、生徒たちにもみくちゃにされた。

これで六対三。

七回裏、最終回を迎えた。

「ボール」

「ボール」

宅間のコントロールが定まらず、ストライクが入らない。私はまたマウンドに行った。

「もう、交代しよう」

「最後まで投げたいです」

宅間は真剣な眼差しだ。

「分かった。おまえに任せるよ」

「はい」

宅間の顔色が元に戻った。

「ボール」

何とかツーアウトまでこぎつけたが、三番を四球で出し、ツーアウト満塁で相手の四番を迎えた。ここでホームランを打たれると、逆転サヨナラ負けとなってしまう。

「タイム」

主将が慌ててマウンドに行き、宅間に声をかけた。その主将が自分のポジションに戻りながら、私を見た。私は右拳で自分の胸を叩き、主将に気合を入れろと合図する。それを確認した主将が大きくうなずいた。

宅間が渾身の力を込めて、ボールを投げる。

空振り。

ボール。

ボール。

ファール。

ボール。

ツーストライク、スリーボールになった。ここで主将が私を見た。次のボール、何を投げればいいかの確認だった。私は迷わず、右手でそのボールの握りを示し、主将に伝えた。私の合図を受けた主将が大きくうなずき、宅間にサインを出した。

サインを確認した宅間が、右手で持ったボールをグローブの中に入れ、握りを確認した。宅間は大きく息を吐き、投球動作に入った。ボールを持った右手を大きく回しながら、左足をステップしていく。腕の回転が最高速度になったところで、右ひじが右腰骨にしっかり当たる音がして、ボールが出た。

ブーン。

「ストライク！　バッターアウト！」

四番はまったくタイミングが合わず、大きな空振りをした後、その場で尻餅をついた。

最後はチェンジアップだった。

宅間が右手で小さなガッツポーズを作った。

「やったー」

主将が両手を広げて、宅間に向かって走って行く。

内野手も外野手もみんなダッシュで宅間のところに集まってきた。

「よっしゃー」

「やったー」

宅間を中心に生徒たちがマウンド付近で大喜びした。

七連覇を達成した瞬間だった。

「ふー」

私は安堵の息を吐く。

「よかったな…」

私はしばらく、大喜びしている生徒たちを見続けた。

表彰式の後、馴染みの新聞記者が私のところに来た。

「久保田先生、おめでとうございます。今年もやりましたね。先生、頑張って投げた宅間君に話を聞きたいのと、写真も撮りたいのですが、よろしいですか」

「ええ、どうぞ。いい男に撮ってやってくださいよ」

私は笑顔で言った。

しばらくすると、宅間が新聞記者の構えているカメラの前で、ボールを握るポーズをとり、撮影に応じていた。

「宅間君、今度はガッツポーズをお願いします。できれば笑って、そう、そう、そんな感じで」

カシャ。

カシャ。

カシャ。

「宅間君、ＯＫです。ありがとうございました。たぶん、明日の朝刊に載ると思いますよ」

「はい」

宅間は平然と答えて、チームメイトのところに戻って行った。

私がそんな宅間を見ながら、大会本部に挨拶に行こうと歩いていると、前から白の半そでシャツに紺色の作業ズボンをはいた男性が歩いてきた。髪はスポーツ刈りで、少し白髪が混じっている。その胸板は厚く、半そでシャツから出ている腕も筋肉質だった。私がその男性とすれ違うときに、男性が少し頭を下げたような気がした。私は慌てて振り返るが、男性はそのまま歩いて行ってしまった。

（飯岡のお父さん？）

まったく確信はなかったが、私は何となくそんな気がした。

大会本部への挨拶も終わり、私は生徒たちのところに戻り、飯岡を探した。

「おい、飯岡」

「ん？」

飯岡は私の方も見ず、夢中になって携帯でメールをしていた。

「おい、今日の試合、おまえのお父さんが」

「ん？　何、先生、今、彩ちゃんに、試合のこと、メールしてっからよ。先生の話はあと、あと」

「…」

（まあ、いいか）

予選

その日の夜七時、私は監督と待ち合わせしている東京駅にいた。

明日、日本選手権千葉県予選が企業チームの野球場で行われる。明日は第一試合で、野球場が遠方なため、前泊することになっていた。

監督が待ち合わせ場所に姿を見せた。

「久保田君、ご苦労さま。生徒さんの大会はどうだった」

「おかげさまで、勝てました」

「そうか。それはよかったな。また連覇の記録を伸ばしたね」

「はい。生徒が頑張ってくれました」

私はふと昼間の試合を思い出す。

「あの、元気だった子、名前は…」

「飯岡ですか。角刈りの」

「そう、そう、その子。私が二月に久保田君の学校で教えたとき、沢村さん、俺、ドルフィンズに入れてくださいよ、三年になったら、エースになるんだと、すごい勢いで言ってたぞ」

「あいつ、エースって、ソフトボールのピッチャーですからね。野球との違いが、まだ、分かってないかもしれないです。でも、あいつは、監督にもずけずけ言うように、物怖じしないんですよね」

「それは、将来楽しみだね。一度、うちの練習にでも連れてくればいい」

「ええ、本人はやってみたいと言ったことは、ありましたが…」

東京駅から野球場最寄り駅までの約二時間、監督とは翌日の先発メンバーの打ち合わせに、多くの時間を費やした。

まず先発ピッチャーを誰にするかで、守備の要であるショートやセカンドのメンバーが変わってしまう。野球で一番大事なセンターラインがなかなか決まらない。だが、何とかして、予選初勝利を達成したかった。

監督といろいろ話し合い、最終的には監督が先発ピッチャーを決断した。このピッチャーは、サイドハンドから投じるシンカーやチェンジアップが武器で、何よりコントロールがよかった。監督もまずは試合を壊す危険の少ないピッチャーを考えたようだ。

この監督の決断で、五月の都市対抗予選で先発したピッチャーにショートを守ってもらい、セカンドには、打撃は劣るが、守備の安定した選手を使うことにした。

あとは、もう選手たちを信じるしかない。


翌朝、監督が三塁側ベンチに座り、左中間方向を凝視していた。

そこには、この野球場を本拠地とする、企業チームのチームスローガンが掲げられていた。

『ゼロからの出発』

「まさに、今のうちのチームを象徴しているな」

監督が隣に座っている私に話す。

「そうですね。いろいろありましたからね…」

そばで、私と監督の話を聞いていた杉田もうなずいていた。

「監督、いろいろありましたけど、ＳＢＣフェニックスもゼロからの出発でいいじゃないですか。今日は何としても勝ちましょう」

私は語気を強めて言った。

「監督、私も勝ちたいです。今日は頑張りましょう」

杉田も気合が入っている。

「そうだな。何としても、今日は予選初勝利を達成しような」

監督が話を締めた。


試合が始まった。

初戦の相手は、房総ファイターズというクラブチームだ。

先発ピッチャーが監督の期待に応えて、五回まで三失点に抑えてくれた。相手にヒットは許すが四死球を出さないので、大量点を与えない投球を続けていた。

ＳＢＣフェニックスは、八回表までに七点を取り、七対三と試合を優位に進めていた。

だが、八回裏に懸案だった守備のセンターラインにミスが出てしまい、相手に四点を奪われてしまった。

九回表の攻撃前に、ベンチ前でエンジンを組む。

村松が輪の中心で叫んだ。

「おい、みんな。この回に勝負をかけるぞ。俺は、絶対に勝ちたいからよ。全員の力で、勝とうぜ！」

「オー！」

選手全員が一斉に大きな声を出した。

（これは、いけるぞ）

今まで見たことのない、選手たちの一体感だった。

九回表の攻撃。

九番　セカンドゴロ。

一番　センター前ヒット。

二番　ファーストゴロ。

三番　四球。

四番　四球。

相手のピッチャーもかなり疲れが見えてきた。

バッターは五番の村松。

「村松！　何とかしてくれ！」

私は三塁コーチャーボックスから、大声で叫ぶ。

村松が私を見て、ヘルメットのツバを触りながら、大きくうなずいた。

ツーストライク、ワンボールからの四球目。

カーン。

打球がライトの頭上を襲った。懸命にライトが背走する。ライトが背走しながら、ボールに飛び込んだ。

捕ったか？

落ちたか？

三塁コーチャーの私の位置からは、よく見えない。

そのとき、判定のために外野まで走っていた二塁塁審が、大きく両手を広げた。

「フェアー」

「よっしゃー」

三塁側ベンチが大騒ぎだ。

「ゴー！　ゴー！」

私は右腕を何回も何回も回す。

ツーアウトだったので、打球音とともに、すぐにスタートを切っていた一塁ランナーまでホームインした。

打った村松は、相手の中継がもたついている間に、一気に二塁ベースを回った。

「村松！　スライディング！」

私は広げた両手を大きく下に振り、合図した。

村松がものすごい勢いで、ヘッドスライディングをした。

「セーフ！」

三塁塁審が両手を広げた。

「村松、ナイスバッティング！　よく打ってくれた。ありがとう」

私は右手で、村松の肩を叩く。

「は、は、はい。よ、よ、よかった…」

村松は息が苦しくて、まともに話ができない。

九回裏は都市対抗予選に先発したピッチャーがリリーフ登板し、気迫のピッチングで相手打線を三者凡退に抑えた。

「ゲームセット」

審判の声が球場に響いた。

「よっしゃー、勝ったぞ！」

ベンチに戻ってきた選手たちは、チームの予選初勝利にみんなで抱き合い、歓喜の声をあげていた。私はこんなに喜ぶ選手の姿を初めて見た。

「コーチ、やりましたね。勝って、本当によかった…」

杉田が泣いている。

「あー、杉田、やっと、勝ったな…」

私は杉田とがっちり握手した。

「久保田君、ご苦労さま」

監督が右手を差し出した。

「監督、お疲れさまでした」

私は両手で監督の手を握った。

「これで、やっとゼロがイチになったかな。まだまだ、これからだけどな」

監督は、左中間方向に掲げてあるスローガンを見た。

「はい。監督、明日の試合も頑張りましょう」

明日は、初めて企業チームと戦う。

翌日の二回戦、企業チーム戦。

一対十、七回コールド負け。

完敗。

まったく歯が立たなかった。

（同じ野球をやっているのに、こんなにも実力が違うのか）

企業チームの選手たちは、試合前のアップのときから、全員の統率がとれており、無駄な動きが一つもなかった。また、ユニフォームの着こなしも、どこかだらしなさのあるクラブチームの選手とは違っていた。

試合後、私が球場外で選手たちと雑談をしていると、背後から声をかけられた。

「久保田さん。はじめまして、Mと申します。今日の試合、ありがとうございました。私、日体大を卒業しています。今後ともよろしくお願い致します」

M選手は、私に向かって、帽子を取り、深々と頭を下げた。

「あっ、今日は、こちらこそ、ありがとう。わざわざ、あいさつ、すみません…」

私は、びっくりした。だが、野球でしのぎを削っている企業チームの選手は、こういう挨拶は当たり前のようにやっているのだろう。

ふと、チームメイトとの雑談に興じているSBCフェニックスの選手を見た。これから都市対抗本大会や日本選手権本大会を目指すためには、企業チームを倒さなければならない。

私は、野球の実力もさることながら、社会人としての資質も高めないと、企業チームには太刀打ちできないと強く感じた。

まだまだ、先は長いな…。

高校野球

十月初旬の月曜日、私は朝刊の地域版に載っている、小さな大会結果を凝視した。

多摩地区ソフトボール大会　一回戦
西部養護学校　七　対　六　桜丘ソフトボールクラブ

健常者チームに勝った。

私は朝刊の大会結果を見ながら、一人、感慨に浸っていた。

このソフトボール大会は、練習試合で相手をしてもらった社会人チームの方から、大会のことを教えてもらい、初めて参加した。ここまで、都の一般社会人ソフトボール二部大会やミラクルズをはじめとする、社会人チームと練習試合で対戦する機会はあったが、まったく勝てなかった。

過去を遡っても、私が初めて練習試合をお願いした松蔭高校に大敗してから、十七年間、毎年のように普通高校や社会人チームと対戦したが、一度も勝ったことがなかった。

その壁は、とてつもなく、厚く、高かった。


前日の試合は、大接戦となったが、最後は何とか一点差を守り切り、逃げ切った。

私が十七年間、待ちに待った健常者チームからの勝利だった。

勝った瞬間、生徒はもちろんのこと、応援に来てくれた保護者が、みんな喜んで泣いていた。

「先生、やりましたね。うちの子たちが、こういう試合で勝てるなんて…」

主将のお母さんは、号泣して、言葉が続かなかった。

試合後には、初勝利を記念して、生徒、保護者と一緒に記念写真を撮った。

私はそのときに、親子が大喜びで記念写真に応じている姿を目の当たりにして、急に肩の荷が下りたような不思議な感じを覚えた。

最後に、勝って、よかったな…。

私は今年で西部養護学校の指導も十一年目を迎えており、来春には他校に異動しなければならなかった。

もう、知的障がいのある生徒のソフトボール指導は、終わりにしようか。

十七年間、私なりに一生懸命に頑張って、それなりの成果も残すことができたと思う。

今年は掛け持ちでやってきた、SBCフェニックスのこともあった。

野球はあくまでボランティアだが、土日は自分のやりたい硬式野球をとことん追求したいという気持ちもあった。

そのような気持ちが、心の中で交錯した状態が続いていた。

そんなとき、一本の電話があった。

「久保田さん、先日の養護学校のソフトボール大会、お疲れさまでした。今年も、久保田さんのチームに、優勝を持っていかれましたね」

「でも、Fのチームも強くなってきたよ。来年は優勝を狙えるんじゃないか」

Fは他の養護学校でソフトボール部を指導している。年齢は、私より二つ下で、日本体育大学硬式野球部の後輩だった。

その後輩が言った。

「久保田さん、西部養護学校、もう、かなり長いですよね」

「十一年目だよ」

「そろそろ、異動ですよね」

「そうなんだ。今年もソフトボール部の指導があったから、他校への異動を保留してもらったけど、もう動かないとな」

都立の教師は、ある程度の年数が経つと、他校に異動しなければならなかった。

「久保田さん、一緒に中央学園、行きませんか」

「中央学園？」

「ええ、これから、教師を公募するみたいですよ。そこで、硬式野球部作って、一緒にやりましょうよ。俺、久保田さんと一緒に硬式野球やりたいなあと、思って」

「ごめん。中央学園のこと、よく分からないんだけど」

都立中央学園は、来春四月に開校する新設校だった。校名に養護学校が付いていないが、知的障がいのある生徒を対象とする学校だった。養護学校が付いてないのには、訳があった。この学校は学区域を取り払い、全都から軽度の知的障がいのある生徒を募集し、選抜テストを実施するという。要は、知的障がいのある生徒のエリートを集める学校だった。よって、校名からも養護学校を外して、イメージをよくしたかったのだろう。

「この学校は、軽度の障がいのある生徒ばかりなので、絶対に硬式野球ができると思いますよ」

後輩は力強く言った。

「確かに、うちのソフトボール部の生徒も、何人かは硬式野球ができるのもいるよ」

「そういうメンバーがたくさん来るんですよ。硬式野球やるチャンスではないですか」

「うん、そう…、だな…。硬式野球って、高野連の大会に出たいんだろ」

「もちろんですよ。俺、もともとは、高校野球やりたくて、都立高校受けたんですよ。それが、今までずっと、養護学校ですから。あっ、久保田さんと、同じですよね」

「そうだよな。おまえも硬式野球、やりたいよな」

「そりゃ、硬式野球、やりたいですよ。確かに、高野連への認可とか、やるとなったらいろいろと大変かと思います。でも、久保田さんと一緒にできれば、俺も、頑張れると思いましてね。だって、知的障がいのある生徒が甲子園大会の予選に出られるとしたら、全国初、ですよ。すごくないですか」

後輩は、全国初というところを強調して言った。

「そうか…、高校野球な…、全国初か…」

私は養護学校に採用されてから三年目に、一度普通高校に異動希望を出したことがあった。そのときは、まだソフトボールの指導をはじめてから、一年しか経っておらず、いろいろと悩んだが、私の高校野球への夢も捨てきれなかった。

だが結果は、普通高校には異動できなかった。そのときは、ショックよりも、養護学校に残って、ソフトボールの指導ができることへの安堵感の方が強かった。

あれから、十七年の月日が経った。

私は後輩の電話を受けてから、一人で悩んだ。

知的障がいのある生徒への指導を長く続けてきたことで、生徒たちへの愛着も強くなっていた。どうせやるなら、ここまでの指導経験を活かせる知的障がいのある生徒たちと、硬式野球をやってみたいと思った。

甲子園という大きな舞台も、憧れていた。

それが、私の夢だったから。

そんなとき、ふと、監督の顔が浮かんだ。杉田や村松の顔も浮かぶ。

SBCフェニックスで一生懸命に頑張っている選手たちもいた。

でも野球歴のつたない私は、ここまでにたくさん嫌な思いをした。これからも、また嫌な思いをするかもしれない。

仕事とボランティアを天秤にかけて、悩むことはおかしいのか…。


十一月中旬、私は都内のとある駅で降りて、中央学園開設準備室の置かれている学校に向かった。

入口に着くと、受付で必要書類を出し、待合室で待つように指示された。待合室に向う廊下を歩いていると、面接を終えた他校の教師が歩いてきた。ソフトボール大会で対戦したことのある学校の監督だった。

「あっ…」

その教師から次の言葉はなく、会釈だけしてすれ違った。

私に電話をくれた後輩は、結局、今回の公募は受けなかった。後輩から私に直接連絡はなかったが、どうも管理職試験を受けることになったらしい。たぶん、私との電話のやり取りの後、校長あたりから受験を勧められたのだろう。後輩も私に公募の件を言った手前、連絡できなくなったのかもしれない。

「久保田先生、どうぞ」

「はい」

私はネクタイの結び目を確認して、面接の部屋に入る。

中には、黒縁の眼鏡をかけ、髪を七三に分けた男性と、少し長めの髪を自然な感じで、真ん中から分けている男性の二人がいた。

二人の自己紹介を聞く。黒縁眼鏡の方が新設校の校長で、もう一人が教頭だった。

「久保田先生、本日はお忙しい中、ありがとうございます」

校長が笑顔で言った。

「いえ、こちらこそ、よろしくお願いします」

私は背筋を伸ばした。

「久保田先生は、西部養護学校でソフトボール部の指導をされていますよね」

「はい」

「先生の学校、強いですよねぇ」

教頭が少し軽い感じで言う。

「いつも、生徒たちが頑張ってくれています」

私は淡々と話した。

「先生は体育の先生ですね。専門はなんですか」

校長は笑顔のまま話す。

「野球です」

「野球ですかー。それで、ソフトボールの指導をしていたんですねぇ」

また教頭が割り込んできた。

「いえ、野球とソフトボールはまったく違います。養護学校でソフトボールを指導するようになってから、私なりに勉強しました」

「そうなんだー。私は、同じようなものだと、思ってましたよ」

私は教頭の軽口に少しいらついた。

「…」

私は校長を見続けた。

「ところで、久保田先生。新設校は、新入生を百人迎える予定です。その生徒たちには、通常の授業の他に全員に部活動にも入ってもらいます。この学校はご存じの通り、軽度の知的障がいのある生徒を対象にしていますので、部活動も積極的に行っていきたいのです。先生は部活動の方は、いかかでしょうか」

校長の笑顔が消え、黒縁眼鏡の奥が真剣な眼差しになった。

「そりゃー、先生は、ソフトボールでしょう」

また教頭だった。

「いえ、私は、硬式野球部の顧問になりたいです」

語気を強めて言った。

「えー、先生。硬式野球って、硬いボールのでしょ」

教頭は驚いて、高い声を出した。

「はい。高野連に加盟できればと思っています」

「久保田先生、私は野球のことはあまり詳しくはないのですが、硬式野球は知的障がいのある生徒たちにできますか。危なくないですかね」

校長が心配そうな顔になった。

「そりゃー、校長先生。硬式はボールが硬いので、危ないですよ。ボールが頭や目に当たれば、大変なことになりますよねぇ」

教頭はなぜか笑っていた。

「いえ、私の教えていたソフトボールも、当たれば大怪我をしてしまいます。要は、いかに指導者がよく野球のことを勉強して、安全管理を徹底するかということです」

「でもねぇ、先生。こういう学校で、硬式野球は前例がないですよねぇ」

また教頭が言う。

「はい。私は、軽度の知的障がいのある生徒が通うこの学校なら、挑戦してみる価値は大いにあると思っています。また、私はここまで十七年間、ソフトボールの指導をしてきましたが、いつも普通高校の生徒たちと同じように、練習に取り組んできました。先日は、一般のソフトボール大会で、健常者チームに勝つことができました。知的障がいのある生徒たちも、やればできることを証明しました。私は、自分の大きな夢だった高校野球の指導者として、新設校の生徒たちと一緒に、甲子園を夢見て歩んでいきたいのです。どうか、硬式野球へのご理解をお願いできませんか」

　私は力説した後、校長を見続けた。

「…」

　校長と教頭はしばらく黙ったままだ。

　少し時間が経ってから、校長が口を開いた。

「久保田先生の野球にかける思いと熱意はよく分かりました。本日の面接結果は、後日改めて、先生の学校の校長にお伝えします。本日はお忙しい中、ありがとうございました」

　私は席を立ち、深々と頭を下げた。

　校長は立ち上がって頭を下げたが、教頭は座ったまま、次の面接者の資料を見ていた。

四月

二日、私の携帯が鳴る。

飯岡だった。

「先生よう。今日の練習、いなかったじゃねーか。何かな、部活に新しい先生、来たけど、先生、学校、変わっちまったのか」

「おう。飯岡。今日はちゃんと練習に行ったんだな。ところで、おまえ、三月の春休み、練習に来なかったじゃないか。何やってたんだ」

私は大きな声で言った。

「げっ、先生、怒んなよ。俺な、バイトしてたんだよ」

「バイト?」

「おう。父ちゃんの会社で、働いたんだよ。一日で五千円も、もらったんだ。すげーだろ」

「そうか。父ちゃんの会社か。会社まで、父ちゃんと一緒に行ったのか」

「そう、そう。それでな、俺が父ちゃんと俺の分、弁当、作ったんだよ。すげーだろ」

「すげーな。頑張ったな。それで、全部でいくら、もらったんだ」

「二万円だよ」

飯岡は誇らしげに言った。

「そうか。四日、働いたんだな。おまえ、その金でダチとつるんで遊ぶなよ。すぐに金がなくなるぞ」

「分かってるよ、先生。俺な、もらった金で、母ちゃんに、何か買ってやるんだよ」

「そうか。それはいいな。おまえも…、少しは…、ましになったな」

私は嬉しくて、言葉に詰まった。

「あと」

「あと?」

「指輪」

「指輪?」

「彩ちゃんに、プロ、プロ…」

「プロレス?」

「ちげーよ先生。プロ、プロ、何て言うんだ」

「おまえ、まさか。プロポーズじゃ、ないだろうな」

「そう、そう、それ。俺な、彩ちゃんに、指輪あげてな、プロポーズ、すんだよ。ブフフ」

「やめとけ」

私はあきれながら言う。

「何で」

「おまえ、まだ、高校生だろ。それに、彩香先生は…」

「彩ちゃん、どうしたんだ?」

「おまえな、プロポーズは、ちゃんと働いてからするんだよ。分かったか」

「ちぇっ、俺な、先生。卒業したら、父ちゃんの会社で働くよ。そうしたら、いいのか」

「まあな。おまえ、父ちゃんの会社で働きたいのか」

「そう、そう。父ちゃんと話したんだ。それに、あの働くときにはく、ダボダボのズボン、あれ、格好いいんだよ」

「そのズボンな、ニッカボッカって、言うんだぞ」

「そうなんだ。俺な、それはいてな、父ちゃんの会社で働いて、それから、彩ちゃんと…、ブフフ」

「まあ、頑張れ。それより、おまえ、宅間の後のピッチャーも頑張れよ」

宅間は卒業後、職業訓練校で働くための勉強をすることになった。本人の希望では、そこでパソコンを使った事務作業を覚えながら、資格も取りたいという。真面目な宅間らしい進路先だった。

「おう。俺な、ピッチャーも、頑張るよ。先生な、佐久田先輩や宅間先輩みたいに、俺にもピッチャーのやり方、教えてくれよ。先生、それじゃ、またねー」

「おい…」

すでに、電話は切れていた。

（またねーって、あいつ、結局、俺がどこの学校に行ったのか、聞かなかった。もう、あいつに、ピッチャーのやり方は教えられないのに…）


三日後、彩香先生から封書が届いた。

結婚式の招待状だった。

お相手は、彩香先生が勤務後に通っていたダンス教室で知り合った方だという。

そのうちに、彩香先生が結婚したことが飯岡にも伝わるはずだ。

あいつのことだから「ひでーよ、先生。聞いてくれよ…」とか言いながら、きっと電話をしてくるだろう。そのときは、ひたすら励ましてやろう。

私は結婚式の招待状の返信に書き添えた。


彩香先生、せっかくご招待していただいたのですが、その日は、ＳＢＣフェニックスの都市対抗予選の日と重なってしまいました。大変申し訳ありませんが、結婚式は欠席致します。

飯岡のこと、くれぐれも、宜しくお願いします。

エピローグ

二〇二一（令和三）年三月上旬、私は異動先の東京都立青鳥特別支援学校の校長室にいた。異動前の面接だった。

青鳥特別支援学校は、日本の養護学校制度がスタートする以前の一九四七（昭和二十二）年に創立された大変歴史のある学校だ。

「久保田先生、本日はよろしくお願いいたします」

校長が言った。

（おっと、十五年前に対面した校長に何となく似てるな。また駄目かな…）

一通りの確認事項が終わると、校長が言う。

「こちらからは以上ですが、久保田先生から何かありますでしょうか」

私は持参した資料を校長に渡す。

「はい。実は今、お渡しした資料のように、知的障がいのある特別支援学校生徒を対象に甲子園夢プロジェクトを始める予定です。今週末に記者発表をします」

「…」

校長は無言で資料に目を通す。

「あのー、それで」

「あっ、はい。失礼しました。先生どうぞ」

「はい。それで、私はその資料にも書いてあるように、何としても自分の学校で硬式野球部を作り、甲子園大会の予選に出場したいのです。私は定年まであと五年、再雇用を入れてもあと十年、その間で野球をやりたい特別支援学校の生徒たちが普通に甲子園大会の予選に出られる環境を作りたいのです。重ねて言いますが、その第一歩としてこの学校に硬式野球部を作りたいのです。よろしくお願いします」

私は深々と頭を下げた。

「…」

校長はまた資料に目を移す。

「…」

私は校長を見つめた。

（また、あのときと同じか…）

「はい。久保田先生のお気持ち、よく分かりました。検討させていただきます」

（おっと、否定ではなかったぞ。検討するとは可能性ありかな？）

四月一日　青鳥特別支援学校初日
全教師の前で赴任の挨拶。
「中野特別支援学校から来ました久保田浩司です。よろしくお願い致します。いきなりですが、私はこの学校で何としても硬式野球部を作り、生徒たちと一緒に甲子園大会の予選に出場したいです。それが私の大きな夢です。どうぞよろしくお願い致します」
（ちょっと言い過ぎたかな。何か変な空気になったな…）

六月二十一日
「みんな、やっと緊急事態宣言が終わって、部活動ができるようになりました。今日から硬式野球の練習をはじめます！　みんな知ってるかな、これが硬球です。触ってごらん」

「あー、かたいねー」

「けっこう、かるいじゃん」

「糸あるね」

「おお、よく言ったね。その糸いくつあるか知ってるかな」

「…」

（さすがに、知らないよな）

「百八です！」

「おっと、すごいな。知ってるんだ。今、答えたの誰だ？」

「私でーす」

顧問の双葉先生が笑顔で右手を挙げている。

「…。えーと、硬球の縫い目の数は除夜の鐘と同じ、煩悩の数と同じ百八なんだよ。だからみんなも気持ちを込めて、硬式野球をやろうな！」

「…」

「…。まあ、いいか。よし、まずはみんな硬球を投げてみよう。ネットスローをやるぞ！」

「よっしゃー」

十名の生徒が立ち上がり、それぞれ勝手に走り出す。

「おーい。みんなどこに行くんだ。こっちだよ、こっち」

（こんなので、大丈夫かな…。でもやっと、特別支援学校で硬式野球の練習ができるようになった。やっと…）

「久保田先生、何、ぼう然としてるんですか。もう生徒たち集まってますよ」

双葉先生が笑顔で言った。

「あー、ごめん、ごめん。みんな、さっき言い忘れたけど、硬式の野球は甲子園大会でやっているのと同じなんだよ。先生は来年、夏の甲子園大会の予選に何としても出たいと思っているから、みんな頑張ろうな！」

「よっしゃー、甲子園だって、すごいじゃん」

二年生が新品のグローブを叩きながら言った。

「まずは、先生がネットスローの見本を見せるからな。よく見てるんだぞ」

バシッ。

「先生、すごいなあー」

カープの帽子を被った女子生徒だ。

「みんなもこれから練習すればうまくなるぞ。じゃあ、一番先にやってみたい人は？」

「はい！」

「はい！」

「はい！」

十人全員の手が挙がった。

あとがき

私は二〇二一（令和三）年で教師生活三十四年目を迎えた。ここまで知的障がいのある生徒指導一筋である。と、書けば、大学まで野球をやっていたスポーツマンが障がいのある生徒たちに寄り添い、心温まる指導をはじめたと思う方もいるかもしれない。

糞尿の臭いがきつくて、しんどいな。

いつもよだれを垂らす生徒がいて、汚いな。

養護学校（現在は特別支援学校）は三年我慢して、早く普通高校に異動したいな。

憧れていた普通高校の硬式野球部監督になって、甲子園を目指したい！

私は赴任したばかりの養護学校で、毎日そんなことばかり考えていた。

ある日、ダウン症の生徒が突然話しかけてきた。

「先生、キャッチボール教えてくれよ」

この一言が私の教師人生を大きく変えた。

その後、本文（Ⅰ章屈辱、Ⅱ章希望）に綴った甲子園夢プロジェクトの原点となったときを迎える。

原点とは…。

「れば、たら」を許していただければ、あのとき、飯岡竜也や宅間雄作のいたソフトボールチームが硬式野球に挑戦していれば、普通高校ともいい勝負ができたかもしれない。新設校の面接で私の主張が通り、無事採用されて硬式野球部が設立されていたら、今頃、予選の一、二回戦は突破できるチームになっていたかもしれない。

私は、その後社会人野球の指導者として十三年歩むことになった。私の硬式野球指導者としての原点もこの年だった。

そして今、全国展開の「甲子園夢プロジェクト」を立ち上げた。また今年の六月からは、現在勤務している都立青鳥特別支援学校の部活動で硬式野球の練習をしている。

機は熟したという言葉があるが、物事を成し遂げるには、野球のバッティングと同じで、十分にタイミングを計る必要があるようだ。

社会人野球指導者として歩んだ十三年は、まさにそのタイミングを計る期間であったと思う。なぜなら、今、原点と振り返ることができるのも、社会人野球で培った指導の経験値があればこそである。

端的に表現すれば、あのときに…かもしれなと思っていたことが、今は確信に変わったからだ。だからあのときを原点と表現した。

私は、社会人野球の指導経験を通して、障がい者も健常者も教育の本質は同じであること、要はその人個人に必要な支援をすればいいことに気づいた。また野球という土俵では、障がいのあるなしに関係なく、やる気さえあれば、勝負に挑む権利は誰にも平等にある。

私の中に強い信念が芽生えた。

だが、いまだに、知的障がいのある人に硬式野球なんてできるの？　危なくないの？　という声を聞く。私はそのたびに、今、指導している知的障がいのある生徒たちは、うまいか下手かと聞かれれば、下手かもしれませんが、下手ならば、たくさん練習すればうまくなりますよ。それは障がいのない人も同じですよねと答えている。

まさに本書で綴った飯岡や宅間がそうだった。社会人野球で指導した選手たちがそうだった。私にはその実体験があるので、自信をもって言える。

知的障がいのある生徒たちも、普通に甲子園を目指して勝負できますよ。

あとは私の残りの教師生活でそのことを証明できればいいのかなと思う。甲子園夢プロジェクトには、硬式野球への思いが強い生徒と保護者が集まっている。まだまだその人数も増えそうだ。これから練習会や普通高校との練習試合を重ねて、都道府県の特別支援学校に硬式野球部の設立と甲子園大会予選出場の道がひらけるように働きかけていきたい。

そしてもう一つは、私の勤務している都立青鳥特別支援学校の部活動の生徒たち。今、十名の生徒が硬式野球の練習に励んでいる。ここまでは私の思いが先行して硬式野球を練習してきたが、近いうちに、本気で甲子園を目指したいか聞いてみたいと思う。その問いに本気で応じてくれた生徒と一緒に、来夏には甲子園大会の予選に出場したいと思っている。

特別支援学校の硬式野球部が甲子園大会の予選に出場したら、最初は物珍しさもあり、注目されるかもしれない。でもそれは単なる一度目の注目にすぎない。私は、今は野球が下手な生徒たちが、いずれは、あの選手うまいなという、健常者と何も変わらない注目をされるようにしてあげたい。「後から聞いたらあの選手は特別支援学校の生徒らしいよ」という程度に、障がいではなくそのプレイが話題になって、普通に活躍する姿を見てみたい。そんな新しい常識が生まれれば、私の夢は完結するのだろう。

最後に、実は、この『甲子園夢プロジェクトの原点』の本文は、拙書『あの時の野球とあの子たち』（大学教育出版）に続く。

既刊本に続くとは、少し変な話だが、お時間があればぜひ読んでいただきたい。さらにもう一つ、この本文に綴ったのは、同じく拙書『養護学校では野球ができない』（大学教育出版）とまったく同じ年である。よく読んでいただければ、飯岡も登場している。何で？　と思う方もいるかもしれないが、それだけ原点のときには、いろいろあったと理解してほしい。

その飯岡だが、今でも時々電話が掛かってくる。卒業後の飯岡にもいろいろとあった。まさに波乱万丈の人生を歩んだと言っても過言ではない。だが、今は一女一男をもつパパになった。仕事も順調のようで、飯岡の話を信じれば、私の給料よりもはるかに稼いでいるらしい。

あいつも、一丁前になりやがって…。

読者の皆様には、ここまで私の拙い文章にお付き合いいただき、深く感謝したい。なお、文中の施設名、団体名、生徒名、選手名の多くは、仮称、仮名を使用した。ご理解いただきたい。この本を出版できたのも、いつも私の教育実践に共感していただいている大学教育出版の佐藤宏計氏をはじめとする編集部の皆様の支えがあればこそである。深く感謝し、終わりとする。

二〇二一年九月

久保田浩司

■著者紹介

久保田　浩司　（くぼた　ひろし）

1966年1月　東京都八王子市生まれ
1988年3月　日本体育大学 体育学部 体育学科卒業（硬式野球部所属）
1988年4月　都立養護学校教諭に採用される。
2021年度で知的障がいのある生徒指導一筋34年目を迎える。
東京都立青鳥特別支援学校主任教諭
甲子園夢プロジェクト代表
NPO法人日本ティーボール協会 常務理事
社会人硬式野球クラブチーム監督（2011年～2018年）

著書
『磨けば光る子どもたち』（文芸社 2001年）
『養護学校では野球ができない』（大学教育出版 2009年）
『あの時の野球とあの子たち』（大学教育出版 2020年）

甲子園夢プロジェクトの原点

2021年10月15日　初版第1刷発行

■著　　者――久保田浩司
■発 行 者――佐藤　守
■発 行 所――株式会社 大学教育出版
〒700-0953　岡山市南区西市855-4
電話（086）244-1268　FAX（086）246-0294
■印刷製本――モリモト印刷 ㈱

ISBN978－4－86692－154－9